城市发展中的流动人口

集 聚 与 疏 解

邓仲良 著

Internal Migrants in the City Development

Agglomeration and Decentralization

中国社会科学出版社

图书在版编目(CIP)数据

城市发展中的流动人口：集聚与疏解／邓仲良著.—北京：中国社会科学出版社，2022.8

ISBN 978-7-5227-0829-4

Ⅰ.①城…　Ⅱ.①邓…　Ⅲ.①城市人口—流动人口—研究—中国　Ⅳ.①C924.24

中国版本图书馆 CIP 数据核字(2022)第 166138 号

出 版 人	赵剑英
责任编辑	李斯佳
责任校对	夏慧萍
责任印制	戴　宽

出　　版	中国社会科学出版社
社　　址	北京鼓楼西大街甲 158 号
邮　　编	100720
网　　址	http://www.csspw.cn
发 行 部	010-84083685
门 市 部	010-84029450
经　　销	新华书店及其他书店

印刷装订	北京君升印刷有限公司
版　　次	2022 年 8 月第 1 版
印　　次	2022 年 8 月第 1 次印刷

开　　本	710×1000　1/16
印　　张	12.25
字　　数	183 千字
定　　价	66.00 元

前　　言

　　人口是经济发展的基本变量，人口问题与现实经济社会发展紧密相关，人口规模、人口结构、人口流动和集聚影响了经济发展质量和地区经济兴衰，"流动的中国"日益成为改革开放四十多年以来中国经济活力不断上升的有力佐证，尤其是党的十八大以来，全面深化改革取得了巨大的成就，更加平衡和更加充分的中国经济高质量发展动力正逐步形成，这也使得人口流动的空间一体化成为影响中国经济发展转型的关键变量。

　　正如蔡昉教授在《劳动力流动的政治经济学》序言中所描述的那样，苏堤两边都是西湖，那么城乡两边也都是中国。2014 年以来，户籍制度对城乡居民的身份认定已经明确，城市落户限制已大幅度降低，经济发展格局受到大规模人口流动的影响日益显著，更为重要的是，阻碍城市和农村间融合发展的体制机制障碍逐步被消除，"城乡要素平等交换、双向流动的制度性通道"正在建立。目前中国人口流动呈现一些新的变化特征，在大规模人口流动愈加频繁的同时，也存在着超大城市流动人口规模巨大与人口净流出地发展动力分化、中西部劳动力回流与城市落户需求差异明显、农业转移人口市民化和城乡要素一体化协调性亟待增强等实际问题，这些问题都聚焦于城市发展中的流动人口，从这个意义上看，推进更高质量的以人为本的新型城镇化关键就是要处理好人口集聚和疏解的关系。

　　立足北京推进非首都功能来实现城市人口规模调控和京津冀协调发展的战略背景，本书聚焦城市发展中的流动人口集聚和疏解，以经验研究、理论分析和实地调研相结合的分析方法对当前影响城市劳动力流动的市场和政策因素进行了探讨，具体内容如下。

第一章回顾了非首都功能疏解和京津冀协调发展背景下人口流动调控的相关政策背景和研究文献。

第二章构建了人口流动和城市规模变化的理论模型，并运用国家卫健委流动人口动态监测数据 CMDS 进行经验研究。

第三章进一步回顾了 2010 年以来中国流动人口发展格局和典型特征，以明确全国层面流动人口集聚水平的空间差异。

第四章通过已有文献研究和实际政策实施情况，系统总结了全球主要代表性大城市人口疏解的共性经验和政策启示。

由于中国超大和特大城市已集聚了较大规模的流动人口，本书第五章进一步总结了中国超大、特大城市内流动人口的劳动力特征。

在第二章的基础上，第六章利用计量分析方法对流动人口的空间选择进行了经验研究。

第七章为笔者在北京市和雄安新区进行调研时总结的实际情况。

第八章将 2015 年北京非首都功能疏解作为一个自然实验事件，进一步研究了政策冲击对城市流动人口工资和留居意愿的影响。

根据本书的主要研究结论，第九章提出了统筹城市的发展和人的发展的可能制度改革探索方向。

需要指出的是，本书研究的相关内容有的已在期刊发表，但为保持全书论证结构统一，本书仍引用了笔者本人的这些研究成果，特此说明。

在本书相关研究工作中，许多人都给予了无私的智慧分享和经验指导，因此笔者想感谢中国社会科学院人口与劳动经济研究所的张车伟、钱伟、都阳、张彦海等所领导为研究工作顺利开展提供的重要支持，感谢王广州、吴要武、王智勇、王桥、屈小博等老师给予的宝贵指导性意见，感谢曲玥、程杰、赵文、蔡翼飞、杨舸、贾朋、向晶、华颖等同事给予的善意批评和建议，特别感谢都阳老师在中国劳动力调查（CULS 5 2021）问卷设计讨论时给予的宝贵建议，感谢赵文老师主持的中国社会科学院国情调研基地（江西）和屈小博老师主持的中国社会科学院国情调研重大项目"产业结构调整升级背景下的机器人替代战略实施状况调研"给予的项目支持，也感谢中国社会科学院青年人文社会科学研究中心给予笔者"京津冀协调发展背景下的人口疏解政策调研"的课题支持，感谢杨舸、王磊、张涛对调研工作的支持，感谢 CULS 5 2021 问卷设计工作时张琛、王晓宇等同事给予的帮助，感谢程杰和刘金凤参与相关章节的细节讨论。还要特别感谢中国人民大学应用经济学院孙久文教授和张可云教授的长期指导。在研究工作交流上，笔者还得到了清华大学经济管理学院陆毅教授、中国社会科学院工业经济研究所叶振宇研究员、广东工业大学皮亚彬教授、广州大学陈晓佳教授的宝贵指导意见；感谢第二届中国发展经济学学者论坛上李敬教授、陈太明教授等专家学者的意见和建议。此外，还要感谢与剑桥大学经济学院刘凯教授、格拉斯哥大学亚当·斯密商学院张安文教授、澳大利亚麦考瑞大学 Pundarik Mukho-padhaya 教授、中共中央党校（国家行政学院）经济学部蔡之兵教授、云南大学经济学院杨孟禹教授的启发性讨论，这些讨论和交流进一步深化了我的思考。

感谢中国社会科学出版社给予笔者出版的支持，感谢李斯佳、王衡等编辑老师的辛勤工作。另外，本书也是国家社科基金项目"促进人口流动与城乡要素一体化协调的户籍制度改革研究"（21BJL090）的阶段性成果。

当然由于本人水平和精力的限制，本书仅反映了一个青年研究人员对人口流动、城市发展等问题的基本认识，这些理论探索和思考有可能是不完善的，因此未来的研究工作和实践探索将继续前行。

邓仲良

2021 年 11 月 24 日于北京市王府井大街 27 号

目　　录

一 人口疏解政策的提出背景

人口的流动和聚集是影响经济空间活动的重要因素，人口流动的空间差异则是区域发展差异的客观体现。一方面，劳动力向经济高密度（高收入）地区流入是客观的经济规律；另一方面，城市产业、资源承载、交通住房等基础设施以及城市治理水平未能及时提升以降低人口集聚引起的负向效应，人口过度集聚则会增加城市拥堵，并降低城市宜居水平，且当城市产业无法提供过度集聚人口的充分就业岗位时，还将会造成城市潜在增长率的下降，因而合理调控城市人口规模和优化城市劳动力供给成为超大和特大城市面临的共性问题，如何从人口稠密的城市中心区向外疏解或引导人口在更大都市圈空间实现充分就业尤为关键。2015年以来，北京通过疏解非首都功能来促进人口疏解，以此实现人口规模控制和人口结构优化，本书主要立足非首都功能疏解中人口的相关疏解政策，通过理论研究、数据分析和实际调研全面地认识超大城市发展中的人口迁移政策。

（一）从非首都功能疏解理解人口疏解政策

要客观地理解人口疏解政策就必须理解人口疏解政策的提出背景。人口疏解政策近期主要始于北京疏解非首都功能。2014年2月26日习近平总书记专题听取了京津冀协同发展工作汇报，强调京津冀协同发展是一个重大的国家发展战略，并提出七点要求。随着2016年3月17日中国"十三五"规划的正式出台，京津冀协同发展正式成为我国区域协调发展战略之一，并在"十四五"规划中进一步予以明确，疏解北京非首都功能成为实施京津冀协同发展的关键着力点，部分资源消耗大、高污染、就业多，且不符合首都功能定位的产业需要向天津与河北合理疏解。这不仅可以进一步优化北京经济结构，而且能为周边区域提供产业发展的快速通道。

首都是一种特殊的城市，不仅承担着国家赋予的特殊首都属性，也承担着一般意义上的城市属性，北京的城市发展既要实现政治中心、国际交流中心的首都属性要求，而且要实现城市经济增长和居民生活就业稳定，因而一般意义上首都具有中央政府的政治功能，同时也具有经济特征，本书将前者界定为"首都属性"，而将后者界定为"城市属性"，如图1-1所示。从全球首都功能类型来看，首都城市功能一般有单一型和复合型两种类型，前者主要有美国华盛顿、澳大利亚堪培拉、韩国世宗市等，后者有中国北京、法国巴黎、英国伦敦等政治、文化和经济功能复合的首都城市。

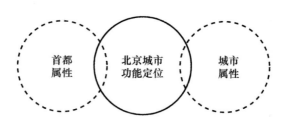

图1-1　北京城市功能的"二重属性"

资料来源：笔者自行绘制。

由于长时间首都功能和城市经济功能并行①，北京集聚过多人口，尤其是首都功能核心区承载了过多的城市经济功能，导致人口拥挤、房价高升、交通堵塞等规模不经济效应逐步显著。这种规模不经济直接体现为人

---

① 关于1949年中华人民共和国成立后北京城市功能定位演变可参见张可云、邓仲良、蔡之兵《京津冀协同发展下北京的城市发展战略》，《江淮论坛》2016年第4期。

口过度集聚。回顾历史上北京市的总体规划，作为配置城市基础设施和资源的关键变量，人口规模规划目标一再被实际常住人口规模突破[①]，导致与人口规模相配套的城市公共产品不足，教育和医疗供给无法有效满足常住人口就学、就医需求，并进一步引起房价持续攀升；与此同时，雾霾等环境问题也一度制约北京可持续发展。这种规模不经济不仅影响了北京自身的可持续发展和宜居程度，也直接制约了北京的首都功能。由于以往首都功能和城市经济功能双重叠加，北京中心城区承载了过多的非首都功能，因而亟待将与首都定位不符的劳动密集型制造业、高污染排放企业、区域性物流中心及批发市场向周边地区疏解。总体来看，北京非首都功能疏解并非是单一地将某种特定功能和产业放弃，而是逐步将阻碍首都功能发挥的部分经济功能剥离，以便能够更好地同时发挥首都功能和经济功能。

从全球超大城市的人口集聚趋势来看，如图 1-2 所示，超大城市吸引人口持续流入是客观的经济规律。无论是纽约、伦敦、东京、首尔，还是中国的广州、上海等超大城市，人口不断向就业回报率（工资水平）和城市公共服务（医疗和教育）较高的超大、特大城市流入是客观存在的。对中国而言，城乡收入差距是造成城乡人口流动的主要原因（蔡昉、王美艳，2009；陆铭，2020），相关研究表明人口都倾向于流入高收入（童玉芬、王莹莹，2015）、高人力资本累积（夏怡然、陆铭，2019）的城市，户籍制度（梁琦等，2013）、交通成本（王赟赟、陈宪，2019）、房价（刘修岩、李松林，2017；张莉等，2017）决定了人口流动成本。目前在中国超大和特大城市实行的户籍制度主要为差别化落户（积分制）和居住证制度，前者使城市可以有目的地选择具有较高人力资本的高技能劳动力，后者主要面向一般城市劳动力和农业转移人口，这两种措施都向着"经常居住地登记户口制度"演变。

[①]　1982 年、1991 年、2004 年北京城市总体规划分别限定了北京市区人口为 1000 万人、1250 万人、1800 万人，但这些规划目标值很快被实际常住人口突破。

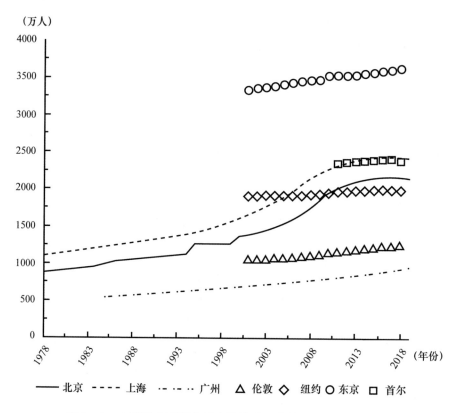

图 1-2   中国及全球部分城市常住人口变化（1978—2019 年）

资料来源：2020 年中国相关城市统计年鉴；国外城市人口数据来自 OECD 数据库，https：//stats. oecd. org/；国内城市人口为各城市行政区内常住人口，国外城市人口数据为大都市圈范围内人口。

非首都功能疏解的北京人口疏解效应主要体现为以劳动力供给规模控制和劳动力结构优化并重的"双目标"。在京迁移人口为北京未来人口规模增量和结构优化的主要目标群体，2019 年常住外来流入人口为 745.6 万人，其中从国家卫健委流动人口动态监测数据来看，具有高中及以下教育程度的低教育水平劳动力占在京流动人口的多数。从户籍角度来看，2019 年常住人口城镇化率为 86.60%，而户籍人口城镇化率为 84.18%，常住人口城镇化率和户籍人口城镇化率不断缩小，这一趋势还在增加，如图

1－3所示，2019 年外来流动人口成为北京户籍人口的规模为 11 万人，大于原户籍人口自然变动的 10 万人①。与此同时，从人口相关政策导向来看，预计北京 2020—2035 年远期人口规模控制为 2300 万人，城六区人口规模为 1085 万人（北京市规划和国土资源管理委员会，2017），这意味着北京在中远期对外来流动人口迁入规模仍将是控制性的，主要人口需求矛盾仍集中在高技能人口需求和低技能人口流入控制上，即未来北京人口迁移政策将以人口疏解和高技能人才引入的"双目标"并重，而判定非首都功能中人口疏解政策是否合理则在于其是否有利于实现北京"四个中心"功能定位和促进京津冀协调发展。

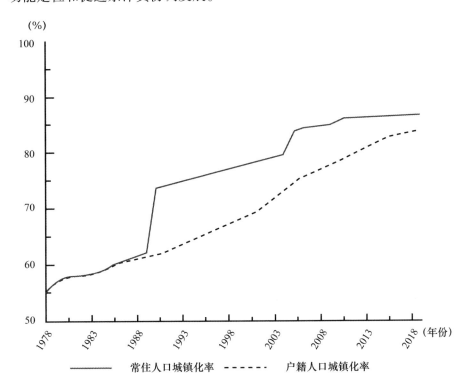

图 1－3　北京市城镇化率水平（1978—2019 年）

注：由于统计口径原因，1990 年前二者数据是合并在一起的。

资料来源：《北京统计年鉴（2020）》。

_____

①　资料来源："3—10 户籍人口变动情况"，《北京统计年鉴（2020）》。

（二）京津冀协调发展对人口疏解
政策提出更高要求

非首都功能疏解的政策目的在于促进京津冀协调发展，京津冀协调发展的关键则在于北京、天津以及周边河北城市形成良好的功能互补的产业分工格局，在雄安新区形成北京非首都功能疏解的集中承载地，并成为带动河北经济发展的增长极，进而实现京津冀协调发展。但从实际发展情况来看，首先如图 1-4 所示，截至 2021 年 5 月，京津冀三地经济发展水平仍差异较大，北京和天津两地发展水平显著高于河北，2018 年后天津人均地区生产总值还出现了断崖式下降。

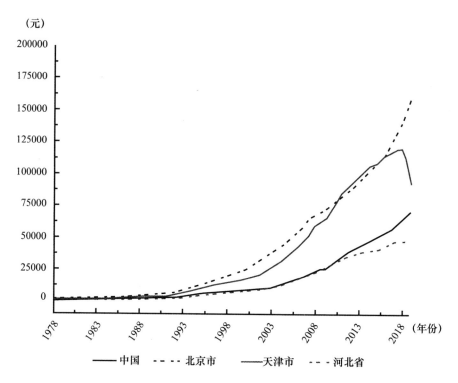

图 1-4   中国及京津冀人均地区生产总值（1978—2019 年）

资料来源：中国经济社会大数据研究平台，https：//data. cnki. net/。

其次，京津冀地区的人口集聚还存在显著的空间失衡，北京、天津吸纳就业的能力明显高于河北。河北 2018 年年末人口为 7556 万人，是北京的 3.51 倍和天津的 4.84 倍，但其城镇单位劳动力就业规模仅为 550.3 万人，仅为北京的 67.16%。从就业工资来看，京津冀就业工资收入差距明显，北京工资溢价效应最为显著，2018 年河北工资收入为北京的 47.14% 和天津的 68.22%，就业回报率存在的空间差异将进一步降低首都功能疏解背景下人口疏解政策的有效性，使北京在人口规模控制和结构优化上都面临巨大挑战。

京津冀发展差异较大的原因是区域发展基础差距较大。相比创新资源集中的北京和工业水平较高的天津，河北难以承接北京疏解和天津转移的高技术制造业。自 2015 年开始，随着京津冀协调发展战略的实施，京津冀三地技术交流活动逐步增加，北京流向天津和河北的技术成交额逐步上升，2019 年技术合同成交总额中流向天津和河北的约为 282.8 亿元，占北京对外技术交易额的 9.86%，且增幅日益明显，如图 1 - 5 所示，其中流向河北的技术合同成交额为 214.2 亿元，高于 2018 年流入河北的 193.8 亿元，同时也高于 2019 年流入天津的技术合同成交额（68.6 亿元）。从这个角度来看，降低京津冀技术水平差异需要与企业、人才合理流动相结合，进一步促进区域发展基础均衡化。

京津冀协调发展与促进人口疏解是相互作用的。一方面，京津冀协调发展背景下人口疏解政策旨在实现京津冀地区人口空间结构的再优化。人口的空间均衡发展是区域协调发展的关键因素。从理论上来看，京津冀协调发展本质上是大城市如何带动周边地区发展；从一般规律来看，人口流动总是倾向于流入高工资和城市公共服务水平较高的区域中心城市。因而大城市实现"以大带小"的发展关键是就业机会的均衡化，即以就业工资和基本公共服务的空间均等化来避免区域发展空间失衡现象，从这个意义上来看，打造雄安新区经济增长极和河北承接北京疏解制造业有利于实现这种"以大带小"的协调发展格局，这就需要将劳动力就业和承接非首都功能产业有机地结合起来。同时，雄安新区要求在合理控制城市规模

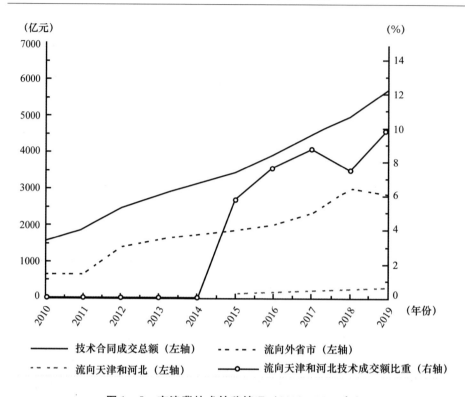

图1-5　京津冀技术转移情况（2010—2019年）

资料来源：《北京统计年鉴（2020）》。

（"新区规划建设区按1万人/平方公里控制"）基础上进一步集聚高端人才，雄安新区重点产业的发展重点既需要高层次创新型人才，也需要集聚互补性更强的一般劳动力，如何有效实现北京、雄安新区的劳动力供给结构与产业发展方向相匹配是京津冀协调发展的重点。

另一方面，京津冀协调发展会反过来促进人口疏解，也会实现劳动力结构空间优化。在雄安新区规划纲要中，雄安新区要建成高质量发展的全国样本，并形成带动河北发展的新增长极，在产业发展路径上，雄安新区不仅要承接北京非首都功能疏解的高校、研究院、银行、医院及医学研究机构、信息技术、生物医药、新材料等产业，还会重点聚焦培育发展新一代信息技术产业、高端服务业等产业。与此同时，雄安新区还将旨在打造"全球创新高地"，配套具有雄安特色的科技、教育基础设施和科技合作平台，这些产业落地会在京津冀地区形成一个新的就业吸引中心，将会对京津冀人口流动格局产生较大影响。因此，未来人口疏解政策会逐步淡化，"经常居住地登记户口制度"将会成为新时代人口迁移、就业、享受均等化公共服务的基本制度，并逐步替代户籍制度。同时，伴随着这一过程，京津冀协调发展背景下的人口空间格局必然也会由单中心或双中心向多中心人口集聚的城市空间格局逐步发展，而这也是世界超大、特大城市空间结构的演化规律。

（三）　对城市人口疏解和人口集聚的相关理论研究

目前学术界对城市、都市圈发展与人口集聚的关系存在一些共性认识，人口流动和集聚也影响区域协调发展。

1. 人口集聚与城市经济发展

首先，从城市发展来看，人口向大城市流入是客观的经济规律，因此"人口疏解未必是城市发展的必经之路"（陆铭，2020），疏解人口与缓解拥挤并无必然联系，城市经济高密度的本质在于集聚效应（Duranton & Puga，2004），大城市具有较高竞争效应，挤出了低效率企业与劳动力，大城市通过对企业和劳动力的分类与选择效应而具有较高的生产率（Combes et al.，2012；Behrens et al.，2014），而工业化阶段需要集聚的共享、匹配和学习机制，不同企业成为彼此的中间品供给者和消费者。随着经济服务化和城市收入水平提高，绝大多数的服务产品需要面对面地完成生产和消费，因而高密度人口聚集意味着较低的生产和消费成本；同时城市经济呈现规模效应，并能够提供多样化的产品和服务（邓仲良、张可云，2016）。其次，人口疏解或"郊区化"有可能进一步加剧职住分离，提高城市内部经济组织成本。西方城市规划学者对人口疏解的解释主要来自"田园城市"理论，认为在郊区居住能够获得宜居的生活环境，避免城中心人口大量集中从而引发交通拥堵和空气污染，但在中国已具有较大人口规模进行这种单一的"人口居住郊区化"，这会进一步增加通勤成本，加大拥堵效应。最后，因过多的人口由中心城区外流而缺乏对城市中心产业的再配套，可能进一步导致"内城问题"，造成城市发展停滞。伦敦曾因人口疏解政策和新城建设使伦敦市区工作岗位流失，在新城建设计划实施的40年内，产业和人才转移造成伦敦内城出现严重的财政危机，并引发失业、犯罪等社会问题（张倩，2017）。

由于区域发展阶段和生产效率存在空间差异，人口密度和人均产出并非存在一致的正相关关系。本书利用 OECD 数据库对 OECD 国家大都市区人口密度和人均经济产出关系进行分析，如图 1-6 所示（考虑量纲差异，本书取其对数）。从全球代表性的 OECD 国家来看，人口集中并不能促使人均产出提升，其关键在于是否实现人口集聚和产业发展有效地进行空间匹配，相关理论研究表明，当人口过度集聚且超过了原城市产业结构承载的就业需求时，人口集聚反而会加大规模不经济，进而引发要素空间错配，降低城市经济相对优势（邓仲良、张可云，2020）。图 1-6 进一步表明人口集聚与经济增长并无必然的直接联系，人口规模与人均产出的正相关关系取决于人口作为劳动力要素投入的经济组织效率，这种经济空间效率是与本地产业发展密切相关的。

2. 人口流动与城市空间结构

已有研究和现实情况都表明，城市体系具有不断演化的发展过程，其具有由单中心向多中心演化的空间一体化趋势，因而从降低区域发展不平衡的角度出发，促进城市群建设等多中心空间发展战略的实施有利于实现集聚和平衡关系的发展，并降低人均发展水平差异。已有研究表明，大城市中人与人面对面信息交流的便利性有利于技术创新和新产品产生（Ellison et al.，2010），故大城市中产业多样性程度较高，且多为研发部门；批量化生产制造业环节通常转移至专业化较强的城市（Duranton & Puga，2001）。丰富的劳动力供给和完善的基础设施对次中心的形成至关重要（魏旭红、

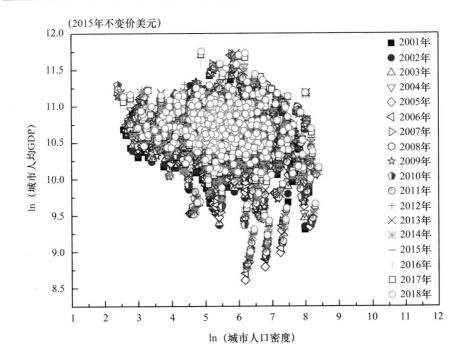

图 1 - 6　OECD 国家的大都市区人口密度和人均 GDP 关系（2001—2018 年）

注：OECD 人均 GDP 已按 2015 年美元不变价折算，人口密度单位为居住者/平方千米。

资料来源：OECD，https：//stats. oecd. org/。

孙斌栋，2014），城市群可以通过疏解大城市规模不经济、优化城市经济结构和促进区域一体化来实现城市群内经济增长（原倩，2016）。

关于城市体系形成的相关理论可追溯到中心地理论（Christaller，1933；Lösch，1940）、空间一体化理论（Friedmann，1966）、累积因果循环理论（Myrdal，1955）、极化理论（Perroux，1957）、核心—边缘理论（Krugman，1991）等。克里斯塔勒（Christaller，1933）在《德国南部中心地原理》中阐述了动态的"空间理论和空间组织"，提出了基于市场原则、交通原则和行政原则的中心地理论，即城市区位论。不同等级的城市提供不同数量和种类的产品，中心地等级越高，则产品市场区范围越大。廖什（Lösch，1940）进一步拓展了中心地理论研究，建立了市场区位理论，强调市场需求对产业区位体系的影响，认为产业区位选择受到最有利的生产中心、消费中心和供应中心等市场区（经济区）的影响，而"区位的最后唯一决定因素乃是它们的平衡——纯利润"。艾萨德（Isard，1956）和胡佛（Hoover，1971）进一步提出企业内规模经济、产业内集聚和产业间集聚是影响经济活动集聚的关键因素，在经典的《空间经济学》（Fujita，Krugman，Venables，1999）中，"核心—边缘"模型（Core-periphery Model）用来解释城市体系的形成过程及原因。国内相关研究主要集中在生产力布局（陈栋生，1990）、演化经济地理学（贺灿飞、黎明，2016）、经济地理学（周一星，1995；陈明星等，2016）等学科，随着中国经济改革的深入推进，由政府主导的生产力布局理论逐步转变为"市场机制对资源配置起决定性作用"和"更好发挥政府作用"，在点、轴、网格的集聚经济基础上，经济发展的空间属性和市场化要素流动愈加重要。

提升要素流动均衡性有利于形成多个集聚中心的城市群空间结构。集聚效应的共享机制主要指马歇尔外部性的中间供应商联系、劳动力共享、技术外溢等，学习机制则指集聚引起的人与人面对面交流，有利于知识的产生、扩散和累积，二者分别从资金外部性和技术外部性阐述了集聚的正外部性（邓仲良、张可云，2017）。匹配则指集聚效应中生产组织的要素配置、要素结构与投入产出存在相对最优关系，当其超过产业结构所决定的相对城市规模后，拥挤效应和要素流动成本过高会造成集聚有效性降低和规模不经济（邓仲良、张可云，2020），造成劳动力等空间错配（潘士远等，2018）。因此，促进要素流动均衡不仅可以降低过度集聚引起的边际成本效应，还能够缓解产业集聚非均衡性引起的区域发展不协调，增大集聚经济空间溢出效应的影响范围，通过增强投入产出关联（Venables，1996）或技术关联（Guo & He，2015）等区域间联系带动周边区域融入中心城市的产业网络，增大集聚经济空间溢出效应的影响范围（潘文卿，2015），逐步实现经济空间结构由单中心向多中心的空间结构转变，将大城市的单中心集聚优势，逐步放大到多中心区域空间结构。

3. 人口流动与区域协调发展

人口流动是反映区域发展的综合性指标，人口流动的空间差异，或空间非均衡性，则是衡量区域协调发展的关键指标。具体而言，人口流动与区域协调发展的关系可分为三个层次（邓仲良等，2020）。

人口合理流动有利于优化城市劳动力结构。不同地区人口年龄结构不同，劳动力供给和抚养比都表现出极大的地区差异性。当前人口流动主体为16—40岁劳动力，其流动原因主要为异地就业，因此促进人口流动可能从根本上影响不同地区的劳动力结构，即便部分地区存在人口老龄化的不利影响，仍可通过引入年轻劳动力来保证相对劳动力供给。另外，中西部地区富余劳动力流出（流入本省区域性中心城市或沿海城市），可减轻这些地区劳动力过剩的压力，这不仅提升了劳动配置效率，而且有利于促进流入地城市人力资本累积，缓解部分城市因人口老龄化造成的人口红利式微；同时，部分外流劳动力还会回流，这部分外流劳动力在回流时也会将学习到的技能、知识带回流出地，补充了流出地缺乏的技能人才。因此，促进人口合理流动、消除差异化落户限制可以促进区域劳动力结构变迁，实现城市规模体系均衡发展，提升劳动力配置效率对经济增长的贡献率（潘士远等，2018）。

人口自由流动有利于降低城乡居民收入差距。区域间收入差距是引发人口流动的主要原因，工资收入预期差异引起人口向城市流动（童玉芬、王莹莹，2015；王建国、李实，2015），相关研究还表明即便考虑物价影响，工资溢价效应对人口的集聚作用依然存在（高虹，2014）；同时，城市规模进一步放大了人力资本的工资溢价效应，当城市受教育水平每多1年，则个人小时工资增加22%（Glaeser & Lu，2018），因此，促进自由流动可以有效提高流动人口收入水平，降低城市间收入差距，尤其是对于农业转移人口而言。已有研究进一步表明，当城镇化和农民工市民化发生在人口100万—300万人的城市时，农村劳动力福利的变动弹性最高（杨曦，2017）；城市规模引发集聚效应还受到劳动力技能互补性的影响，进而提升了低技能劳动力福利水平（陆铭等，2012；Eeckhout et al.，2014），较高、较低技能组别的劳动力均受益于城市规模扩大，其中较低技能组别劳动力的受益程度最高，因此自由流动使流动人口的福利水平得到了改进。

另外，流动人口流入还会提升本地劳动力市场的工资溢价（王建国、李实，2015；陈刚，2016；Monte et al.，2018），当城市流动人口占比每提高10%，本地劳动力的月工资收入将会增长3.19%，其中，从Ⅱ型大城市流动到Ⅰ型大城市，本地劳动力就业的工资溢价效应会增加更多（孟美侠等，2019）。

人口有序流动有利于促进区域市场一体化发展。人口流动均衡与区域协调发展的结合点关键在于就业机会的均衡性。相关年份CMDS数据分析表明，2011—2017年我国流动人口流动原因为务工、工作和经商的比重为近80%，可见追求均衡的就业机会是驱动人口短期空间流动的关键原因。城市规模增大有利于提高劳动力就业概率和技能水平（Duranton & Puga，2004），人与人的面对面交流促进技术传播，大城市易于产生新产品和技术发明，大城市也倾向于发展生产性服务业，吸收高技能劳动力就业（Behrens et al.，2014），因此研发部门选择在多样化城市发展；同时由于人口集聚引发劳动力分工，一般消费性服务业比重也会随之提升，进而大城市也会吸纳低技能劳动力。从城市制造业发展来看，由于成熟产品的生产成本不同，企业将批量化生产制造业环节转移至专业化城市，即大批量制造行为倾向于选择专业化较强的城市（Duranton & Puga，2001），这将会吸引中等技能人口向中小城市流动。由此可见，促进人口有序流动可以加快人力资源区域一体化发展进程，整合城乡劳动力市场，促进要素双向流动，不同技能人口自由流动还推动了技术市场一体化，促使周边中小城市融入城市间产业分工体系，进而提高了地区经济参与率，促进了区域市场一体化发展。

二 人口流动视角下城市规模
变化的理论框架

伴随城镇化进程加速和城乡融合不断深入发展，由农村向城市、由中小城市向大城市等优势区域的大规模人口流动现象日益显著，并逐渐成为影响中国经济转向更均衡、更充分的高质量发展的关键因素。人口流动的空间不平衡是区域发展分化的客观体现，如何降低这种人口流动的空间失衡，首先要准确地认识当前中国人口流动的现状和引起这种人口流动不平衡的根本原因。

第七次全国人口普查数据表明，2020 年中国流动人口近 3.76 亿人，约占全国总人口的 26.04%，农村流动人口仍较多，流动人口中外出农民工近 1.70 亿人，占全国流动人口的 45.13%①，这种农业转移人口的大规模、跨地区、季节性的流动不仅改变了人口流出地的劳动力供给结构，造成人口持续外流城市的功能性衰退，而且不利于提高本地户籍城镇化率②，严重制约了"以人为核心"的城镇化进程。另外，过度非均衡的人口空间集聚也将导致劳动力空间错配（潘士远等，2018；Albouy et al.，2019），

---

① 资料来源：国家统计局公布的《2020 年农民工监测调查报告》和《第七次全国人口普查公报（第七号）——城乡人口和流动人口情况》。国家统计局界定"流动人口"为人户分离人口中不包括市辖区内人户分离的人口，"人户分离人口"则指居住地与户口登记地所在的乡镇街道不一致且离开户口登记地半年以上的人口。

② "七普"数据进一步表明，2020 年中国户籍城镇化率为 45.4%，远低于常住人口城镇化率（63.89%），《2020 年农民工监测调查报告》表明外出农民工的跨省流动逐年降低，省内跨市流动比重则上升，中西部地区吸纳就业的农民工逐步增加。

过高的城市间流动壁垒还会增加流动成本，降低劳动力配置效率（王丽莉、乔雪，2020），造成城市规模不经济。近年来，学术界和政策制定部门①对通过放开城市落户限制来推进户籍制度改革已达成明确共识，目前除个别超大城市外，其余城市的落户限制正逐步放开，人口流动的户籍约束成本明显降低，截至 2020 年年末，"城区常住人口 300 万以下的城市基本取消落户限制，超过 1 亿农业转移人口在城镇落户。"（国家发展和改革委员会，2021）

从区域协调发展（中共中央国务院，2018）及城镇化中的具体政策目标（国家发展和改革委员会，2020）来看，我们既希望将人口更多地引入规模较小城市，又希望实现大城市人口结构的优化，促进人力资本有效累积，满足这一政策需求需要立足正确认识中国人口流动的客观经济规律，准确量化影响人口流动的空间选择关键因素的作用效果。

一般地，人口流动本质上是其对空间区位的再选择，即流动收益与成本的空间再平衡，已有大量文献研究表明，人口流动受工资效应、城市公共服务、空气污染、房价、宜居程度、户籍差异等因素影响，其中工资和城市公共服务最为重要。对工资效应而言，首先，由于集聚（Behrens et al.，2014），大城市通常具有较高的名义工资，因而吸引外地人口不断流入（Behrens et al.，2014；童玉芬、王莹莹，2015），即便考虑物价因素，这种溢价效应依然存在（高虹，2014）；其次，外地人口流入还提升了本地劳动力市场的工资溢价，相关研究表明中国城市中流动人口占比每提高10%，本地劳动力月工资收入将增长 3.19%（陈刚，2016），尤其是对于具有较高人力资本的本地高技能劳动者（Glaeser & Lu，2018）而言，从Ⅱ型大城市流动到Ⅰ型大城市的工资溢价增幅最大（约 15.4%）（孟美侠等，2019）；最后，大城市还通过互补效应提高了低技能劳动力的工资及福利水平（Eeckhout et al.，2014；Combes et al.，2015），但不同技能水平

---

① 国务院办公厅 2016 年 9 月 30 日发布了《推动 1 亿非户籍人口在城市落户方案》，2018 年 9 月 30 日国家发展和改革委员会又发布了对该方案的落实情况的督查方案，2019 年 3 月 31 日国家发展和改革委员会又发布了《2019 年新型城镇化建设重点任务》。

的劳动力工资溢价效应不同（李红阳、邵敏，2017），低技能劳动力受益程度更高（陆铭等，2012）。对城市公共服务而言，城市公共服务和宜居程度影响城市中居民生活的幸福程度，也是吸引人口流入的重要因素（Desmet & Rossi-Hansberg，2013；孙三百等，2014），但不同类型的城市公共服务对流动人口的吸引力不同（侯慧丽，2016），相关研究也表明基本公共服务均等化对人口集聚的分散作用不能被高估（夏怡然、陆铭，2015）。另外，空气污染对于流动人口的就业选址具有负向影响，尤其是对受教育程度较高的"城—城"流动人口（孙伟增等，2019），劳动力倾向于流入生态条件较好的城市（张海峰等，2019）。从流动阻力来看，人口流动也面临流动成本（Behrens et al.，2017）和居住成本（张莉等，2017）。前者不仅包括不同城市间迁移成本，还包括在流入地取得就业资格的部分隐性限制和就业机会大小。对居住成本而言，刘修岩与李松林（2017）通过基于城市层面数据的结构模型研究表明，高房价将抑制城市规模扩张，但由于高房价的城市通常也具有较高的工资溢价和发展机遇，利用 CLDS 微观个体数据，房价对劳动力流动会产生先吸引后抑制的倒"U"形影响（张莉等，2017）。

　　那么到底是何种因素从根本上影响人口流动？作为吸引人口流入的关键因素，劳动力就业工资是市场竞争下收入水平的直接体现，城市公共服务则受政府投入影响较大，但鲜有文献对二者影响人口流动的效果进行综合的分析。已有研究大多都侧重于流动人口与经济增长、房价与城市规模等单一因素的理论和经验研究，或是单独研究工资或城市公共服务对人口流动的影响，较少系统探究人口流动规律对城市规模的作用机制，更没有明确工资和城市公共服务对流动人口空间选择的综合影响，而准确回答这些问题对未来城镇化中如何促进流动人口稳定落户和避免区域发展分化都至关重要。

　　与以上文献不同，本书试图提供工资效应和城市公共服务影响人口空间选择的理论解释和经验证据，将 2011—2017 年中国流动人口动态监测调查微观数据（CMDS）整理并匹配至 274 个城市层面，构建了一个流动人口与城市经济社会特征的微观数据库，这为准确识别人口流动规律提供了数据基础。本书研究表明，收入和城市公共服务显著稳健地影响了流动人口空间选择以及流入地城市规模，而房价、流动成本、城市内拥挤成本并不会稳健地影响流动人口空间选择及城市规模。本书可能的边际贡献有：第一，本书扩展了对理性流动人口区位选择影响因素的界定范围，将城市公共服务和工资效应纳入统一的分析框架，在遵循劳动力流动摩擦等假设的基础上，构建了考虑异质性区位偏好和流动成本的多区域空间一般均衡模型。第二，已有研究较少从长时间数据的角度来系统研究不同类型流动人群到底受何种选择机制的影响。本书异质性分析表明，尽管工资和城市公共服务都对人口流动具有显著的正向拉力，但受户籍、持续流动时间、产业就业类别、流动模式等因素影响，5000 元以上/月工资水平下的流动人口也更偏向选择城市公共服务更好的城市。第三，从 2017 年开始 CMDS 数据开始包括流动人口的农村土地权益等信息，因此本书还对不同流动模式和具有农村经济权益（承包地、宅基地和集体收益分配权）的农业转移人口进行进一步研究，这为未来放开特大城市户籍限制后的引导人口合理流动和推进农业转移人口稳定落户提供了经验证据。

（一）理论模型

1. 基本假设

假定经济体有 S 个不同区域或城市，城市 i 就业人口为 L_i，$i \in S$，且具有外生、非弹性土地供给（H_i），允许不同户籍人口跨区域流动，但存在流动成本 κ_{ij}[①]，则第 t 期总就业人口 $\bar{L}_t = \sum L_{i,t}$。考虑实际情况中部分流动人口可能已在流入地工作多年，即非首次流动，本书默示模型中流动人口已经在城市 i 中就业，则 L_i 由本地户籍人口 L_{ri} 中在本地的就业人员 $\beta_{ri} L_{ri}$

---

① 一般地，人口流动成本既包括地理空间距离的迁移成本，也包括制度成本，前者是人口流动的直接经济成本，后者是体现在户籍制度所影响的城市公共服务差异和搜寻就业成本。

和外地流动人口 L_{mi} 组成，其中 β_{ri} 为本地户籍人口在本地的就业比重，如式（2-1）所示。中国从 2014 年开始逐步取消农业户口和非农业户口的区别，而统一为居民户口[1]，同时考虑"城—乡"流动人口和"城—城"人口流动的一般性，故理论模型中不区分城乡户籍差异[2]，仅区分地区户籍差异。

$$L_i = \underbrace{\beta_{ri}L_{ri}}_{\text{本地户籍本地就业（+）}} + \underbrace{L_{mi}}_{\text{外地户籍本地就业（+）}} ,0 < \beta_{ri} < 1 \qquad (2-1)$$

为考虑城市居住成本，假定所有在城市居住和工作的人群均需购房或租房，则城市 i 中的消费者消费产品 C_i 和住房 H_i，C_i 由具有不变替代弹性的 N_i 种产品 $c_i(k)$ 构成。考虑房价的空间异质性，假定城市 i 房价 $P_{hi} = \overline{P}_{hi}(L_i)^\theta$，$\overline{P}_{hi}$ 为外生的房价变量，指不考虑人口流入或流出引起的房价变动因素，θ为房价对人口规模的弹性，反映人口流入或流出对本地房价的影响。

2. 消费者偏好

人口空间流动取决于对不同空间区位的异质性偏好[3]，并依据其效用最大化来选择居住和工作的空间区位。在已有研究基础上，本书认为理性人口流动的区位选择偏好 U_{ij} 受到工资（高虹，2014）、公共服务（Desmet & Rossi-Hansberg，2013；夏怡然、陆铭，2015）和居住成本（张莉等，2017）、环境（孙伟增等，2019）的综合影响。假设上述这些因素都对人口流动偏好产生影响，则其效用函数如式（2-2）所示。由于跨区域就业对工资偏好的影响是稳定的，而对城市公共服务存在明显的个体异质性，即使城市提供相同工资和产品，流动个体仍可能选择不同城市。根据

① 《国务院关于进一步推进户籍制度改革的意见》（国发〔2014〕25号）已取消农业与非农业户口区别，建立城乡统一的户口登记制度，重在强化人口登记管理功能。
② 根据我们对 CMDS 数据整理计算，2017 年农村居民户籍人口在本书所筛选的 274 个城市的流动人口中约占 85%，在后续的实证研究中，我们还进一步探讨了户籍差异条件下人口流动与城市规模的关系。
③ 依据空间经济学中的一般假定（Redding & Rossi-Hansberg，2017），模型中的空间单位可以理解为区域，抑或城市。

Monte 等（2018）分析，本书假设理性流动人口对城市公共服务偏好 b_{ij} 满足独立 Fréchet 分布①，则累计分布函数为 $f(b_{ij} < b) = exp(-B_{ij}b^{-v})$，$B_{ij} > 0$，$v > 1$，其中 B_{ij} 为流动人口对城市 i 和城市 j 的平均偏好，其值与流动人口偏好异质性正相关，v 为偏好离散程度。

$$U_{ij} = \frac{b_{ij}}{\kappa_{ij}F_i}(C_i)^\alpha(H_i)^{1-\alpha} \tag{2-2}$$

式（2-2）中，U_{ij} 为流动人口对城市 i 和城市 j 的比较效用函数，α 为消费产品消费份额；b_{ij} 为城市 i 相对于城市 j 的公共服务偏好，H_i 为住房消费，κ_{ij} 为人口从城市 i 到城市 j 的流动成本，$\kappa_{ij} \in [1, \infty)$。假定人口流动和产品运输成本都满足冰山成本假设，参考 Albouy 等（2019），城市拥挤效应也具有异质性，$F_i = \overline{F_i}(L_i)^{1+\gamma}$，$\overline{F_i}$ 为由每个城市固有资源禀赋决定的宜居程度，γ 为由城市人口过度集聚引起的规模不经济，其中 $\gamma > 1$。

3. 产品供给与消费

城市 i 中就业人口面临消费预算约束 $w_iL_i = P_{hi}H_i + P_{ci}C_i$，$w_i$ 为城市 i 的劳动力就业工资。与 Monte 等（2018）不同，本书假定城市间存在产品贸易，城市 i 既可消费本地生产产品，也可消费外地产品（考虑运输成本 τ），这也与实际情况吻合，其中 C_i 为满足不变替代弹性的消费品数量，则城市 i 中消费者消费产品 C_i 如式（2-3）所示。

$$C_i = \left\{ \sum_{k=1}^{N_i} [c_i(k)]^\rho + \sum_{j=1}^{S-1} \sum_{k=1}^{N_j} [c_j(k)/\tau_{ij}]^\rho \right\}^{1/\rho}, \quad \sigma = \frac{1}{1-\rho} > 1$$

$$\tag{2-3}$$

式（2-3）中，$c_i(k)$ 为城市 i 消费者消费本地产品 k 的数量，$c_j(k)$ 为城市 i 消费者消费城市 j 产品 k 的数量，N_i、N_j 分别为城市 i 和城市 j 的产品数量；τ_{ij} 为城市 j 的产品到城市 i 的运输成本（$\tau_{ii} = 1$，$\tau_{ij} > 1$）；σ 为产品替代弹性，ρ 为产品多样性偏好系数，其中，$0 < \rho < 1$，当 ρ 趋近于 0

---

① Fréchet 分布为极值 II 型分布，也称作逆威布尔分布，其累计概率密度分布函数为 $F(x, n) = exp(-x^{-n})$。

时，则表明消费者对多样化产品的偏好程度越大，反之则反。根据预算约束条件，产品和住房的消费价格的相对关系为 $P_{ci}/P_{hi} = \alpha H_i / [(1-\alpha) C_i]$，则城市 i 的产品 k 的消费需求如式（2-4）所示。

$$c_i(k) = \alpha p_i(k)^{-\sigma} \left(P_{ci}^{\sigma-1} Y_i + \sum_{j=1, j\neq i}^{S} \tau_{ij}^{1-\sigma} P_{cj}^{\sigma-1} Y_j \right) \qquad (2-4)$$

其中，Y_i、Y_j 分别为城市 i、j 的总产出或总消费，则城市 i 的产品价格指数如式（2-5）所示。

$$P_{ci} = \left\{ \sum_{k=1}^{N_i} [p_i(k)]^{1-\sigma} + \sum_{j=1}^{S-1} \sum_{k=1}^{N_j} [p_j(k)\tau_{ij}]^{1-\sigma} \right\}^{1/(1-\sigma)} \qquad (2-5)$$

本书假定城市 i 的产出 $Y_i = A_i L_i$，A_i 为劳动生产率，劳动力是生产的唯一投入要素。考虑区域间生产效率差异，参考 Albouy 等（2019），$A_i = \overline{A}_i (L_i)^{\varepsilon}$，$\overline{A}_i$ 为考虑城市或区域固有特征的生产率，ε 为考虑集聚经济的外部性[①]。对城市 i 的企业 k 而言，由企业利润最大化，可得城市 i 中产品 k 的价格为 $p_i(k) = [\sigma / (1-\sigma)] w_i(k)/A_i$，则城市 i 的产品价格指数如式（2-6）所示。

$$P_{ci} = \frac{\sigma}{\sigma-1} \left\{ \sum_{j=1}^{S} \sum_{k=1}^{N_j} [\tau_{ij} w_j(k)/A_j]^{1-\sigma} \right\}^{1/(1-\sigma)}, \quad \tau_{ii} = 1, j \in S$$

$$(2-6)$$

4. 空间一般均衡

空间均衡为产品、要素市场和住房市场均达到均衡（C_i，w_i，P_{ci}，P_{hi}，L_i），城市产出与消费供给平衡，人口流动空间均衡要求劳动力市场存在空间平衡，即 $\sum(1-\beta_{ri}) L_{ri} = \sum L_{mi}$，$i, j \in S$，前者是总外出就业人口，后者是

---

① Duranton 和 Puga（2004）认为集聚经济具有共享（sharing）、匹配（matching）和学习（learning）三种微观机制，由此促进城市人力资本有效累积，并产生知识外溢效应。当 $\varepsilon > 1$，则表明城市集聚经济具有正外部性；当 $\varepsilon < 1$，则表明城市集聚经济具有负外部性；当 $\varepsilon = 1$，则表明经济外部性不存在。由于生产率集聚效应 ε 反映在价格 p 中，为进一步刻画集聚引起的正负外部性问题，本书在前述城市拥挤效应中也引入了人口集聚引起的外部性 γ，这样在最后求均衡时，人口集聚引起的外部性变化也会体现。

总流动人口，这意味着当人口流动空间均衡时，城市 i 的外出流动人口占本地户籍人口的比例等于其他城市倾向于流入该城市的流动人口占来源地户籍人口的比重，如式（2-7）[①] 所示，这意味着户籍约束条件被打破后人口自由流动由城市就业机会来决定。与此同时，当城市间流动人口实现空间均衡时，流动人口对不同城市的选择效用均相等，即 $U_{ij} = U_{ji} = \overline{U}$，$\overline{U}$ 为经济体内城市平均效用，那么流动人口对任意城市选择概率也相同，即 $\lambda_{ij} = \lambda_{ji}$[②]。

$$1 - \beta_{ri} = \sum_{n=1}^{S-1} \lambda_{ni}, n \neq i \qquad (2-7)$$

消费者对城市 j 和城市 i 的选择概率如式（2-8）所示。

$$\lambda_{ij} = \frac{B_{ij}（\kappa_{ij} F_i P_{ci}{}^{\alpha} P_{hi}{}^{1-\alpha}）^{-\nu} w_i{}^{\nu}}{\sum\limits_{n=1}^{S} B_{in}（\kappa_{in} F_n P_{cn}{}^{\alpha} P_{hn}{}^{1-\alpha}）^{-\nu} w_n{}^{\nu}} = \frac{\psi_{ij}}{\psi} \qquad (2-8)$$

式（2-8）中，ψ 为 S 个区域的 ψ_{ij} 求和，其余指标同前述。假设不考虑储蓄，城市总产出 Y_i 等于总支出，即 $Y_i = w_i L_i$，则对空间一般均衡条件下流动人口的迁移决策依据是其效用 U_{ij} 最大化，如式（2-9）所示。

$$U_{ij} = \Omega \frac{b_{ij}}{\kappa_{ij}} \frac{w_i}{\overline{F}_i \overline{P}_{hi}{}^{1-\alpha}} \frac{L_i{}^{\theta(\alpha-1)-\gamma}}{\overline{W}_i{}^{\alpha}} \qquad (2-9)$$

$$\overline{W}_i = \Big\{ \sum_{j=1}^{S}（N_j \tau_{ij}{}^{1-\sigma}）\Big\}^{1/(1-\sigma)} \qquad (2-10)$$

式（2-9）中，Ω 为系数项，$\Omega = \alpha^{\alpha}（1-\alpha）^{1-\alpha} [\sigma /（\sigma-1）]^{-\alpha}$，$\overline{W}_i$ 为经济体内其他城市与城市 i 的产品贸易总额，其余指标同上。首先，理论流动人口对城市选择依据与城市公共基础服务 b_{ij}、劳动力工资 w_i 以及城市规模外部性成正比。$\theta（\alpha-1）-\gamma$ 间接测度了人口集聚对城市宜居程度的影响，其综合了房价弹性 θ 和拥挤效应 γ，根据前述参数符号，$\alpha < 1$，$\gamma > 1$，当 θ 为正时，$\theta（\alpha-1）-\gamma < 0$，则房价抑制了人口流入；当 θ 为负

---

① 式（2-7）表明当人口流动存在空间均衡时，本地户籍外出人口比重等于外地流入人口占流出地比重，即户籍对人口流动的制度约束彻底放开，人口流动取决于不同城市的就业情况。

② 由于 b_{ij} 特征，则 U_{ij} 也符合独立 Fréchet 分布，$f（U_{ij} < u）= \exp（-\psi_{ij} U^{-\nu}）$。$\overline{U} = E（U_{ij}） = \Gamma [（\nu-1）/\nu] \cdot \psi^{1/\nu}$，$\overline{U}$ 为人口流动均衡时的平均效用函数，$\Gamma（\ ）$ 为 Gamma 函数。

时，$\theta(\alpha-1)-\gamma>0$，房价吸引人口流入，同时，式（2-9）分母项迁入城市固有房价 P_{hi} 对人口的空间选择效应为负，这表明城市房价对人口迁移决策也可能存在非线性影响，后文经验研究部分将引入房价二次项进一步研究。其次，人口迁移决策与空间流动成本 κ_{ij}、拥挤效应外生变量 $\overline{F}_i$ 成反比。当城市间流动成本 κ_{ij} 较大时，则将降低流动人口再次流动效用；城市间产品贸易额增加了消费品的空间可获得性，也会降低人口流动预期；经济体整体产品贸易额 $\overline{W}_i$ 对人口迁移决策的影响则取决于成本效应 τ、周边区域人口 N_j 和本地消费产品的替代弹性 σ。最后，城市拥挤效应也受到集聚经济的影响，γ 与房价变量 $\overline{F}_i$ 都同时出现在式（2-9）中，而分子中 θ 与 γ 都与城市人口规模有关，这表明人口流动的空间选择与工资、城市公共服务及空间流动成本的作用机理是清晰的，这也是本书所关注的核心变量，而房价和城市拥挤效应本身与人口规模紧密相关，其对人口区位决策可能会存在较大的异质性。

进一步地，当城市间人口流动均衡时，存在城市间平均效用 $\overline{U}$，其与经济体内工资、城市公共服务水平有关，由此得到人口流动空间均衡下城市 i 的城市规模如式（2-11）所示。

$$L_i = \left[\frac{\Omega}{\overline{U}\,\overline{W}^\alpha}\frac{b_{ij}}{\kappa_{ij}}\frac{w_i}{\overline{F}_i\,\overline{P}_{hi}^{\,1-\alpha}}\right]^{1/[\gamma+\theta(1-\alpha)]}, i\neq j, i,j\in S \qquad (2-11)$$

对式（2-11）取对数后如式（2-12）所示。

$$\ln L_i = \varphi\left[\varphi+(\ln B_{ij})/\nu+\ln w_i-\ln\overline{F}_i-(1-\alpha)\ln\overline{P}_{hi}-\ln\kappa_{ij}\right], i,j\in S \qquad (2-12)$$

$$\varphi=\ln\Omega-\alpha\ln\overline{W}-\ln f(\nu) \qquad (2-13)$$

从式（2-13）可知，城市规模也受人口流动空间选择机制的拉力和阻力影响，且还受到外部性 φ 的整体影响，$\varphi=1/[\gamma+\theta(1-\alpha)]$，$\varphi$ 为各变量共有系数项，$f(\nu)$ 为流动人口对公共服务偏好函数项。当人口流动实现一般均衡时，经济体内流动人口平均效用仅与流动人口个体偏好有关，而不随时间变化，即决定人口流动空间选择的公共服务、工资、流动阻力等变量同时也影响城市规模变化。考虑房价和城市拥挤效应可能引起的异质性，据此提出理论假说Ⅱ，工资和城市公共服务不仅影响流动人口空间选择决策，同时也影响城市规模变化，即工资和城市公共服务对人口迁移决策和城市人口规模的系数应为一致。理论假说Ⅱ表明，理论上存在流动人口个体的空间选择影响流入地城市规模变化的微观机制，这意味着影响人口流动空间选择的因素也是城市人口规模变化的共有变量，即可以通过改变不同城市的经济社会特征来引导人口流动，进而促进城市规模均衡化。

（二）计量模型、数据变量与基本回归分析

1. 计量模型设定

对不同空间区位经济特征的偏好影响了劳动力如何选择流入地，进而影响城市规模变化，这是人口流动空间选择机制对城市规模的作用路径。人口流动空间选择机制对流动人口有拉力 M（＋）和阻力 M（－）两个部分的影响［M（＋）、M（－）为相关解释变量集合］，本书利用流动人口微观数据与城市层面数据相匹配，分别采用了城市层面和个体层面两个计量模型来验证理论假说，核心解释变量为工资和城市公共服务。为避免变量缺失，本书还引入房价、城市拥挤效应、产业结构、流动人口就业结构、户籍、婚姻状况、受教育水平、年龄等主要控制变量。

在城市层面，城市规模变化由城市人口自然增长和机械增长两部分构成，因为本书主要分析流动人口的空间选择机制对城市规模变化的影响，所以在实证部分本书以城市中流动人口规模作为核心被解释变量之一，并采用城市常住人口 L 与户籍人口 N 之差来衡量流动人口规模 M，即 $M_{it} = L_{it} - N_{it}$，L_{it}、N_{it} 分别为第 t 期城市常住人口和户籍人口，M_{it} 为城市 i 第 t 期城市流动人口规模，那么城市层面计量模型如式（2－14）所示。

$$\ln M_{it} = \beta_0 + \beta_1 \ln M（＋）_{it} + \beta_2 M（－）_{it} + \beta_3 \ln Z_{it-1} + u_{it} + \omega_i + e_t$$

$$(2-14)$$

在个体层面，人口流动的空间选择取决于所受拉力 M（+）与阻力 M（-），并影响其是否再流动的下一期决策。

$$M\_stay_{it+1} = \vartheta_1 \ln M(+)_{it} + \vartheta_2 \ln M(-)_{it} + \vartheta_3 \ln X_{it} + u_{it} + \omega_i + e_t$$

$$(2-15)$$

式（2-15）中，主要解释变量为拉力 M（+）和阻力 M（-），前者为城市公共服务 b_{it}、工资 w_{it}，后者为剔除人口流动溢价效应的城市固有房价 $\overline{P}_{hit}$、拥挤效应 $\overline{F}_{it}$、流动成本 κ_{ij}。Z_{it}、X_{it} 分别为控制城市规模和个体特征的控制变量，Z_{it} 为产业结构、市场规模等城市数据，X_{it} 为流动人口样本的年龄结构、受教育年限、户籍、性别等。β_1—β_3、ϑ_1—ϑ_3 分别为解释变量系数，u_{it} 为误差项，ω_i、e_t 分别为城市和时间固定效应。

因为流动人口样本为历年城市流入地的调查数据，流动人口已在调查城市就业，所以直接检验结果是度量流动人口在既定条件下的再选择决策问题[①]，M_stay_{it+1} 为 0—1 变量，表示下一期的流动决策，将问卷中个体样本选择"继续留在流入地城市"的被解释变量 M_stay_{it+1} 值定义为 1，选择"否"或"没想好"的样本 M_stay_{it} 值定义为 0，相应的工资和城市公共服务变量选为当期值，此为一般 Logit 模型。当还考虑其他城市选择时，个体模型还可进一步变为多值选择模式，本书采用条件 Logit 模型进一步对比检验。故在计量技术选择上，对城市层面数据，本书采用混合 OLS 方法，数据基础为 CMDS 个体数据 + 相对于流入地城市特征；对个体

---

① 一些学者也将这个问题表述为流动人口的留城意愿，本书根据 CMDS 数据分析表明，有相当一部分被调查者表明也希望迁入其他城市工作，因此本书将留居意愿表述为流动人口的空间再选择问题。由于 2011 年 CMDS 数据并无直接对流动人口留居意愿的提问，笔者采用折中方式处理，将流动人口在流入地城市的社会融入感受作为 2011 年留居意愿被解释变量的替代值，对第 500 个中第 1—2 个问题"我喜欢我现在居住的城市"（Q5101）、"我关注我现在居住城市的变化"（Q5102）中回答"完全同意"时，则认为该流动人口个体愿意在未来一年继续留在该城市。经审稿人指出这样的方式可能不恰当后，笔者对 2012 年、2014 年和 2017 年 CMDS 数据进行对比验证发现，由于 CMDS 社会融入调查并非每年都有，这样的处理方式误差较大（流动人口个体的主观留居意愿误差可能自身也较大），仅 2012 年选择留居意愿为 1 的样本数和该种处理方式接近，2017 年误差则较大。为进一步利用 2011 年数据，笔者在基本回归中仍然采用了这样的处理方式，但在稳健性分析和后续部分中，则仅使用 2012—2017 年数据，因此样本数会有变化，特此说明。笔者感谢审稿人指出这个问题。

层面样本，则采用条件 Logit 模型和一般 Logit 模型相结合的检验策略，为控制个体组内自相关，设置了聚类稳健标准误差。另外，为保持和理论机制分析一致，同时考虑城市公共服务和工资水平的量纲差异，本书对实证研究的相关变量都取其对数，并从 1 个对数单位的变化来比较二者对人口流动的影响效果。

2. 变量选取与数据说明

考虑统计口径变化及 CMDS 数据的统一性，本书选取 2011—2017 年城市数据和流动人口微观个体数据，并将二者依据国家统计局提供的"统计用区划和城乡划分代码"（国家统计局，2018）进行匹配。

（1）*流动人口个体层面*

流动人口微观数据来自国家卫生健康委提供的中国流动人口动态监测调查（China Migrants Dynamic Survey，简称 CMDS）数据，CMDS 数据是国家卫生健康委自 2009 年起的大规模全国性流动人口抽样调查数据，覆盖全国 31 个省（区、市）中流动人口较为集中的流入地，内容涉及流动人口及家庭成员人口基本信息、流动范围和趋向、就业和社会保障、收支和居住、基本公共卫生服务等。为与研究主题进一步聚焦，考虑人口流动经济规律，本书主要选取务工、工作和经商为目的的流动人口样本，剔除了其他流动动机的人口样本，同时还剔除了 65 岁以上的个体样本。在个体模型层面，对工资变量而言，由于 CMDS 数据中流动人口工资收入为月工资，而城市工资基准单位为年，本书将 CMDS 数据中个体样本月工资乘以 12 得到年工资。对城市公共服务而言，通过选取流入地城市是否对流动人口提供养老保险和医保来反映城市公共服务，即 $b = M\_pension_{it} + M\_medi_{it}$，该式右侧分别为匹配至城市层面的流动人口个体获得养老保险和医疗保险的样本比重。对居住成本效应而言，本书采用租房成本来衡量流动人口个体的居住成本。对流动成本而言，参考刘修岩和李松林（2017）的流动人口迁移概率的思路，地级市间人口流动成本主要来自市外流动人口，当省内跨市流动与跨省流动比重较高时①，则流动成本较小，本书则采用跨省流动和省内跨市流动人口比重倒数来衡量人口流动空间成本κ_{ij}。为避免估计偏误，本书对 CMDS 个体样本也提取了是否在流入地具有医保信息（0/1 变量）$medi\_i$、性别 $gender\_i$、户口 $hukou\_i$、年龄 age_i、流动时间 $duration\_i$ 等指标作为控制变量。由于 CMDS 原始数据每年的城市代码不同，需统一调整城市代码，为和城市层面数据进行匹配，本书按照国家统计局城乡代码进行筛选。具体流动人口个体特征见表 2 - 1。

本书主要使用一般 Logit 方法检验了 2011—2017 年流动人口全样本，相关研究表明（孙伟增等，2019），运用条件 Logit 模型可以更好地研究人口流动动因，由于条件 Logit 模型需要指定备选城市集，并且当前网络技术发展和就业信息进一步透明化，本书默示流动人口对下一期的城市经济社会特征能够完全掌握，但考虑实际可计算性和准确性②，本书在条件 Logit 模型子样本中对流动人口个体样本数据进行了筛选（在一般 Logit 模型时仍使用了全样本数据）。条件 Logit 模型筛选原则如下：第一，剔除了人口净流出的城市，即年末常住人口减去户籍人口小于零的城市，这有利于精确获得集聚流动人口更多的城市样本。第二，为控制城市样本分布的均衡性，计算了 CMDS 中城市流动人口抽样调查人数与流动人口比值 m_{ratio}，并剔除了 $m_{ratio} > 1\%$ 的城市，以及城市流动人口抽样样本小于 500 的城市。第三，为保障可计算性，对经过上述两个步骤处理后的各城市样本值在 city 组内再随机保留 25%。这样处理后的流动人口样本数为 115502 人，对应了 57 个备选城市集，经笔者进一步检验，这 57 个城市也是中国流动人口集中流入地，因此通过这些城市样本来进一步检验流动人口的空间选择机制是合适的，也兼顾了可计算性。

---

① CMDS 数据中有跨省流动、省内跨市流动及市内跨县流动方式的调查项。

② 笔者尝试对 274 个城市全样本采用条件 Logit 计算，计算内存显示不足和报错。在保证可计算性的前提下，笔者对样本进行了删减，但即便如此，当考虑 cLogit 数据格式后，每个流动人口对 57 个城市进行选择，样本观测数仍高达 601.27 万。

表 2 - 1　　　　　　　流动人口全样本个体特征描述性统计

变量符号	最大值	最小值	均值	标准差	变异系数
年龄 M_age_{it}/年	65	15	34.454	9.664	0.280
性别（男 = 1，女 = 0）M_gender_{it}	1.000	0.000	0.536	0.499	0.930
户籍（农村 = 1，城市 = 0）M_hukou_{it}	1.000	0.000	0.846	0.361	0.427
受教育水平 M_edu_{it}/年	19.000	0.000	10.001	3.154	0.315
收入水平 M_wage_{it}/元每月	2000000	−19000	2497.81	3687.47	1.476
家庭平均流动时间 $duration_{it}$/年	22.1	1.825	7.842	2.221	0.283
婚姻状态 mar_{it}	1	0	0.804	0.397	0.494
家庭规模 $family\_size_{it}$	10	1	2.535	1.184	0.467
是否在工业就业 M_indus_{it}	1	0	0.290	0.454	1.565
是否在制造业就业 M_manu_{it}	1	0	0.203	0.402	1.982
是否在服务业就业 M_ser_{it}	1	0	0.752	0.432	0.575
是否在生产性服务业就业 M_proser_{it}	1	0	0.074	0.263	3.519
是否在消费性服务业就业 M_conser_{it}	1	0	0.316	0.465	1.471
是否在基础服务业就业 M_pubser_{it}	1	0	0.173	0.378	2.189
城市公共服务 I：养老保险比重 $M\_pension_{it}$	0.700	0.000	0.164	0.140	0.856
城市公共服务 II：医保比重 M_medi_{it}	0.700	0.000	0.129	0.133	1.036
是否继续留下 M_stay_{it+1}（stay = 1，否则为 0）	1.000	0.000	0.566	0.496	0.877
城市平均租房价格（M_rent_{it}）/元每月	1391.993	86.895	660.259	226.816	0.344
城市内跨省和省内跨市流动人口比重	1.000	0.050	0.814	0.213	0.261

注：经笔者整理后 2011—2017 年其余流动人口个体观测值为 1159818 人，部分指标存在缺失值。流动人口工资收入有为负的样本，这部分样本多为身份为雇主等原因，样本数为 948 人。

（2）城市区位特征层面

为与流动人口微观数据对应，城市层面数据时间范围采用 2011—2017 年。由于城市流动人口并无直接公布数据，对流动人口规模，本书采取年末常住人口与户籍人口之差来进行估算。对城市常住人口数据，《中国城市统计年鉴》公布人口数据为户籍人口，同时《中国区域经济统计年鉴》仅到 2014 年，2014—2016 年常住人口数据缺失，考虑统计口径变化和数据可获得性，本书采用估算方法补齐①，利用 2010 年人口普查数与《中国区域经济统计年鉴（2014）》中公布的数据对估算值分别进行验证，如图 2－1 所示，可见估算值与公布数据吻合效果良好。

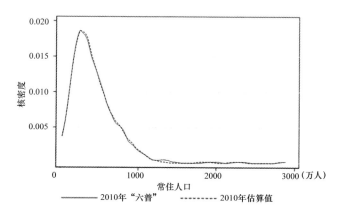

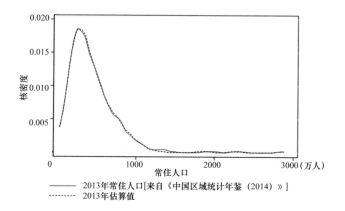

图 2－1　城市常住人口估算值验证

---

① 《中国城市统计年鉴》给出人均 GDP，将城市 GDP 除以人均 GDP 便可得到常住人口数据，但城市年鉴数据中也同时存在部分城市以户籍人口数据计算人均 GDP 的情况，筛选方法如下：本书将估算出城市常住人口与城市统计年鉴中的户籍人口进行对比，若近似相同（本书设定筛选误差为 0.5 万人），则认为估计值实际为户籍人口，则剔除该城市数据。

城市就业工资水平取在岗职工年平均工资。对城市公共服务指标而言，参考 Desmet 和 Rossi-Hansberg（2013）与潘士远等（2018），本书将城市公共服务 b_{it} 分为教育、医疗和环境三个方面。对城市受教育水平而言，受教育水平较高的地区中小学教育资源也较多，反之则不一定成立，因而本书受教育水平选高等教育师生比来衡量。对城市医疗水平而言，本书选取城市每个医院平均医生数来衡量，具体为医生数（执业医师＋执业助理医师）与医院、卫生院个数的比值。对生态环境而言，尽管 PM2.5 等是影响居民宜居感受的重要参照指标，限于城市层面数据获取原因，考虑工业烟尘排污与雾霾现象紧密相关，本书采用城市工业烟（粉）尘排放量来界定城市环境。考虑量纲差异问题，本书取相对值，即各城市上述指标与当年各城市中最大值（EDU、MEDIC、ENVI）相比，故城市公共服务变量为 $b_{it} =$（edu_{it}/EDU）×（$medic_{it}/MEDIC$）/（$envi_{it}/ENVI$），取对数后为：

$$\ln b_{it} = \ln（edu_{it}/EDU）+ \ln（medic_{it}/MEDIC）- \ln（envi_{it}/ENVI）$$

$$(2-16)$$

对城市房价而言，一般城市房价可直接通过相关年份《中国区域经济统计年鉴》中商品房销售额除以商品房销售面积确定，但其数据只更新到 2014 年，其后年份的城市房价数据缺失。同时，为准确识别城市居住成本和剔除人口集聚的溢价效应，$\overline{P}_{hi}$ 为城市固有房价，由于居住用地面积与房价呈正相关，而又自然隔离了当期人口流入或流出引起的房价波动，本书采用市辖区居住用地面积作为替代变量，二者相关性如图 2-2 所示。本书还利用匹配至城市层面 CMDS 数据的租房成本在城市层面取平均值来进一步验证，流动人口的城市平均租房价格也与该替代变量显著正相关。

对城市拥挤效应而言，本书所界定的城市拥挤效应 $\overline{P}_{hi}$ 指人口过多集聚引发道路拥挤及通勤效率降低，考虑城市层面数据可获得性，采用城市实有公共汽车营运车辆和出租车数量之和与道路面积的比值来界定[①]，其值越大则表明城市拥挤效应越大。对人口流动成本而言，参考个体样本指

[①] 能够准确反映城市拥堵效应的应该为城市单位道路面积的机动车数量，但城市层面的机动车数量不易获取，故本书采用单位道路面积上的出租车与公共汽车数量来替代。

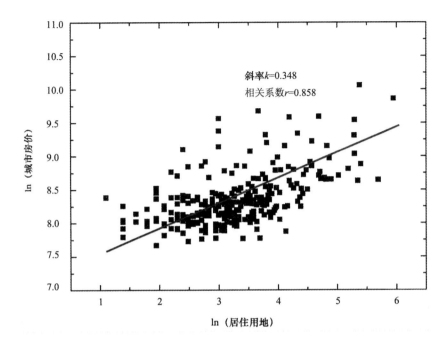

图 2 - 2　城市房价与城市居住用地面积关系

资料来源：笔者根据相关年份《中国区域经济统计年鉴》和《中国城市统计年鉴》计算。

标的思路以及刘修岩和李松林（2017），城市客运量越大，则表明城市吸纳外地流入人口越多，这也间接表明流动成本越小，即可采用城市客运量倒数来度量城市层面模型中的城市间流动成本 κ_{ij}。此外，为防止估计偏误，本书进一步控制了城市特征变量，将人口流入城市社会消费品零售额、城市产业结构 $indus = Y_3/Y_2$ 和生产性服务业与制造业就业比重 ad_indus_{it} 作为城市控制变量。

在观测时间范围内，与之相匹配的流动人口样本对应了中国 274 个城市，其占全国人口的 90.07%，城市数量占中国总城市数的 94.50%，城市样本市辖区人口总数 54353.04 万人，占全国城市市辖区总人口的 65.17%，因此，本书数据样本是具有代表性的。需要再说明的是，为控制计算性，条件 Logit 数据样本为 115502 人，对应 57 个备选城市集。除注明者外，城市层面数据均来自相关年份《中国城市统计年鉴》，城市层面区位特征数据统计信息见表 2 - 2。本书论证逻辑就是先从理论和基本回归中验证工资和城市公共服务影响流动人口留居意愿的一般性（同时控制了流动人口个体和城市特征变量），在此基础上，针对异质性和更具现实政策意义的研究，本书则分别放在"异质性分析"和"进一步研究"部分中，"异质性分析"更多的是立足个体差异，"进一步研究"则继续验证流动人口对工资和公共服务选择偏好规律是否仍遵循基准回归中的一般性规律以及回应现实政策需求。

表 2 - 2　　　　　　　　城市层面区位特征描述性统计

变量符号	定义	最大值	最小值	均值	标准差	面板估计区间
M_{it}	城市流动人口估计值/万人	981.73	- 427.95	- 0.448	137.382	2011—2017年每年值
L_{it}	城市常住人口/万人	3063.90	23.250	453.033	340.217	2011—2017年每年值
$\ln(b_{it})$	城市公共服务：综合考虑教育、医疗、环境	3.230	- 5.871	0.169	1.160	2011—2017年每年值
$wage_{it}$	城镇年平均工资水平/元每年	320626.3	0.000	49890.48	15329.55	2011—2017年每年值
$\overline{P}_{hit}$	市辖区居住用地面积/km^2	1259.00	0.000	43.601	65.716	2011—2017年每年值
$\overline{F}_{it}$	城市拥挤效应	27.781	0.0962	2.547	1.801	2011—2017年每年值
κ_{ij}	城市间流动成本	0.03571	0.00e - 6	3.51e - 4	1.36e - 3	2011—2017年每年值
$\overline{W}_{it}$	城市社会消费品零售额/万元	1.18e8	238	9383961	1.29e07	2011—2017年每年值
$indus_{it}$	产业结构（Y_3/Y_2）	19.214	0.204	0.924	0.666	2011—2017年每年值
ad_indus_{it}	产业结构高端化：生产性服务业与制造业就业比重	16.333	0.0472	0.722	0.873	2011—2017年每年值

资料来源：笔者根据相关年份《中国城市统计年鉴》整理，每个指标数据为 1918 个；b_{it} 为对数值。需要说明的是，部分指标最小值为零，这样的城市比较少，其原因为《中国城市统计年鉴》上数值缺失。

（三） 基本回归结果

流动人口的空间选择面临两种基本情况，其一为是否继续留在本城市，此为二值选择模型；其二为可能流入其他城市，前者采用 Logit 回归，后者则需采用条件 Logit 回归。由于 Logit 系数估计值不可比，个体模型列出了平均边际效应（dy/dx）、几率比（odds ratio）检验结果。基本回归还依次控制了城市产业结构、产业结构高端化等城市特征，仅汇报最终结果，如表 2-3 所示。

表2-3　　　　　　　　　　　　基准回归结果

M_stay	个体层面				$\ln M$	城市层面	
	回归1：Logit	回归2：Logit	回归3：cLogit	回归4：cLogit		回归5：混合 OLS	回归6：混合 OLS
	dy/dx	odds ratio	odds ratio	Std. odds ratio			Std.
$\ln b$	0.0103 *** (17.34)	1.0697 *** (17.41)	1.203 *** (38.34)	1.224 *** (39.27)	$\ln b$	0.00574 *** (5.74)	0.00396 *** (5.74)
$\ln w$	0.0324 *** (31.93)	1.2356 *** (32.31)	2.836 *** (37.53)	1.275 *** (35.81)	$\ln w$	0.386 *** (25.40)	0.0678 *** (25.40)
$\ln \bar{F}$	−0.00193 ** (−2.30)	0.9874 ** (−2.28)	1.400 *** (43.58)	1.217 *** (42.36)	$\ln \bar{F}$	0.0932 *** (21.17)	0.0339 *** (21.17)
$\ln M\_rent$	−0.0728 *** (−14.87)	0.6219 *** (−15.24)	495.701 *** (18.90)	8.036 *** (16.39)	$\ln \bar{P}_h$	0.0456 *** (6.48)	0.0248 *** (6.48)
$(\ln M\_rent)^2$	0.0091 *** (23.23)	1.0611 *** (23.91)	0.629 *** (−18.75)	0.129 *** (−16.44)	$(\ln \bar{P}_h)^2$	−0.00393 *** (−7.31)	−0.0272 *** (−7.31)
$\ln \kappa$	0.0144 *** (10.23)	1.0986 *** (10.22)	1.391 *** (12.62)	1.070 *** (13.59)	$\ln \kappa$	−0.0777 *** (−37.95)	−0.0540 *** (−37.95)
城市变量	已控制	已控制	已控制	已控制	城市变量	已控制	已控制
个体变量	已控制	已控制	已控制	已控制	个体变量	已控制	已控制
时间	已控制	已控制	不控制	不控制	城市/时间	已控制	已控制

续表

M_ stay	个体层面				lnM	城市层面	
	回归1：Logit	回归2：Logit	回归3：cLogit	回归4：cLogit		回归5：混合OLS	回归6：混合OLS
	dy/dx	odds ratio	odds ratio	Std. odds ratio			Std.
Chi^2	103417.27	377746.78	57199.29	55565.20	F统计值	37503.64	37503.64
Pseudo R^2	0.3425	0.3425	0.0671	0.0651	整体R^2	0.9403	0.9403
样本数	799400	799400	6011777	6011777	样本数	364354	364354

注：1. 为对比检验效果，本书还对各变量非对数值进行了回归检验，变量系数符号都无变化，为和理论模型保持一致，本书仍使用对数值检验结果。平均边际效应（dy/dx）表示了解释变量变化1单位对被解释变量的影响，而几率比（odds ratio）则表示了解释变量变化1单位对人口迁移决策选择方案概率的影响值，二者本质上相同，可比照分析，几率比系数小于1，则其系数为负。

2. 表2-3中"回归3"和"回归4"为2011—2016年CMDS样本，其余为2011—2017年CMDS样本。

3. 括号中的数值为稳健标误检验结果z统计值，混合OLS为t检验值。

4. ***、**分别表示在1%和5%的水平下通过了显著性检验，为节约篇幅，常数项和部分控制变量已省略，个体控制变量有户籍（0/1）、年龄、流动累积时间、是否参加医保（0/1）、性别、受教育水平等指标，城市层面控制变量有产业结构，余表同。

5. 对个体层面模型，工资采用CMDS个体月工资收入乘以12个月，城市公共服务为城市中个体样本参与养老保险和医疗保险的比重，房价采用租房成本M_ rent来替代，而对于城市层面模型，工资采用城市年平均就业工资，房价$\overline{P}_{hi}$则使用市辖区居住用地面积来替代，其余变量详见数据说明部分。Std.表示对各变量标准化，后文不再赘述。

在流动人口个体层面，无论是一般Logit分析结果，还是条件Logit分析结果，城市公共服务b、流动人口就业工资wage都显著正向影响了流动人口的空间选择，但人口流动对城市选择受工资的影响远大于城市公共服务b。在其他变量给定的情况下，从Logit分析来看，如"回归1"和"回归2"①，2011—2017年流动人口在流入地的年收入对数值每增长1个单位，工资对流入概率的平均边际影响增加3.24%，lnb对数值平均边际效应仅提高1.03%。从对数几率比进一步来看，提高1个工资对数值对流入

① 在"回归1"和"回归2"中控制或不控制城市固定效应，并不会改变核心解释变量的正负号，限于篇幅未列出。

概率的影响也显著大于城市公共服务增加 1 个对数值的正效应，即工资每增加 1 个对数值，流动人口流入概率增加 23.56%；而城市公共服务变量每增加 1 个对数值，流动人口流入概率仅增加 6.97%。若折算成绝对值，当每年工资增加 1 万元，则其对数值 $0.2682 \times \ln w$ 约为 0.298，即流动人口选择继续留在流入地就业的概率变化值增大 0.298%。从条件 Logit 子样本模型进一步测算来看，对 57 个子样本城市而言，工资提高 1 个对数值对流入概率的影响也是城市公共服务的 9.04 倍（1.836/0.203）。

在城市回归模型层面，城市公共服务 b 和就业工资 w 也都显著地正向影响了城市规模变动，且工资效应的检验系数均大于城市公共服务，其余指标也与流动人口个体的检验结果相同，如"回归 5"和"回归 6"。这表明影响人口流动的关键因素也同样引起了城市流动人口规模变动，这验证了理论假说 II。具体而言，工资对数值变化 1 个单位，引起流动人口变化 $M = w^{0.386}$，当 2011—2017 年城市年平均工资变化 1 万元时，总体可引起流动人口规模变化约 34.99 万人。对城市公共服务而言，由于本书城市公共服务指标 $\ln b$ 界定为教育、医疗和环境的综合值，不能直接度量影响效果，即便取 $\ln b$ 为峰值 3.23，城市公共服务对流动人口规模变化的影响值 $\Delta M = \Delta b^{0.00574} = 1.019$ 万人，其值也小于工资变化引起的流动人口规模变动。

对城市拥挤效应和房价等变量而言，研究表明这些变量对流入概率的影响机制并不稳健，如"回归 1"至"回归 4"，其中一般 Logit 回归都表明其系数显著为负，但房价二次项系数为正，但对条件 cLogit 回归而言，房价与流入概率却呈现倒"U"形关系，且个体层面数据系数和几率比都较大，这表明更多的人口选择流入房价较高的城市，城市混合 OLS 模型也进一步证实了流动人口规模与房价一次项的正相关关系，这与张莉等（2017）结论一致。房价较高城市同样工资水平和就业机会较高，这也进一步表明工资是决定经济活动中人口流动的主要原因，当房价超过一定水平，工资引起的正效应将被房价负效应抵消。对人口流动成本而言，$\ln \kappa$ 系数也不稳健，这表明人口流动成本并未显著稳健地影响流动人口的空间选择，如"回归1"至"回归6"。因此总体而言，只有工资和城市公共服务显著稳健，即工资收入 w 和城市公共服务供给水平 b 显著和稳健地影响了人口流动的空间选择 M_stay 和流入地的城市流动人口规模 M，上述指标系数的变化从流动个体层面验证了理论假说 I。进一步地，考虑城市公共服务与工资量纲不同（尽管取对数已经降低了量纲的影响），"回归4"和"回归6"对个体和城市层面的变量分别进行标准化处理[1]（将各变量折算至 0—1 范围内），结果表明工资效应对人口流动空间选择的影响仍显著大于城市公共服务。如"回归4"，尽管这种平均值无法定量理解，但工资对数值增加1个相对值单位，则将提高流入概率（27.5%），其仍大于城市公共服务增加1个对数值引起的人口流入概率（22.4%），研究表明工资差异对人口流动空间选择的影响效果大于城市公共服务。

对人口流动的空间选择而言，其取决于人口流动的净收益，但由于变量量纲不一致等，较难直接估计出流动净收益。为进一步确定工资收入 w 和城市公共服务供给水平 b 的稳健性，本书对其边际效应进行分析，可见尽管二者都显著且稳健地正向影响流动人口对流入城市的留居意愿，但城市公共服务对数值 $\ln b$ 的平均边际效应是递减的（无论是采用流动人口在流入地参加养老和医疗保险的比例，还是采用流入地城市的公共服务供给），如图 2-3 所示。而就业收入对数值 $\ln w$ 的平均边际效应则呈现倒"U"形影响，即随着流动人口收入水平提高，其对流入城市的偏好也呈现先上升后下降的变化趋势，如图 2-4 所示。这表明流动人口留居意愿受其收入水平影响，同时其对流入地城市的公共服务供给偏好也存在有效性差异。基于这样的研究事实，在完成稳健性分析后，本书后续对不同收入水平的流动人口和不同公共服务类型进行分组检验。

---

① 标准化处理方法为 $x_i - std = (x_i - x_{i,min}) / (x_{i,max} - x_{i,min})$，$x_{i,max}$、$x_{i,min}$ 分别为变量最大值和最小值。

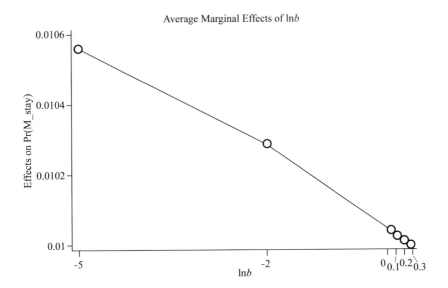

图 2 - 3　流动人口空间选择与城市公共服务偏好关系

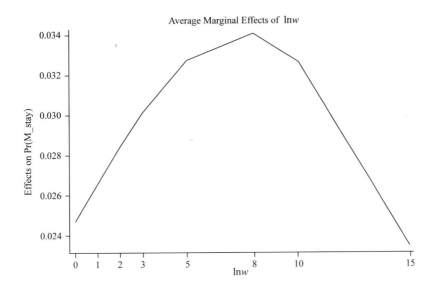

图 2 - 4　流动人口空间选择与就业收入偏好关系

资料来源：笔者根据匹配至城市层面的 CMDS 数据计算得出。

（四）稳健性检验

为进一步确定就业收入和城市公共服务对流动人口空间选择机制和流动人口规模的影响，本书分别从工具变量、替代被解释变量、考虑流出地影响等方面进行稳健性检验。

1. 工具变量法

工具变量法可有效缓解个体层面双向因果以及遗漏变量等问题，降低内生性问题的不利影响，但工具变量的选取要满足相关性（与内生变量相关）和外生性（与回归误差项不相关，也称为"排他性约束"）。仅仅从城市层面选取人均 GDP 等经济指标，大多无法满足 IV 和外生性（即排他性约束）要求，通常而言，IV 的确定大多以历史往期的时间维度和地理空间维度作为寻找 IV 的出发点。

已有研究表明，人口集聚通常发生在地理空间上交通通达性较好的区位，进而形成城市（Bosker & Buringh，2017），在河流密度内生于城市的形成过程中，河流密度较高的城市或地区交通通达水平较高，劳动力就业工资较高，同时河流密度也与本书界定的城市公共服务变量无直接关系，故参考 Bosker 和 Buringh（2017），本书选取城市河流密度作为就业工资工具变量的基础指标。对城市公共服务（医疗、教育和环境）综合指标而言，由于医疗、教育和环境的公共服务资源供给不仅与地方财政支出及其比例存在显著关系（财政支出与城市人均 GDP 有关），而且与承载医疗和教育的实际条件有关，比如相关建设用地，但是仅仅采用城市建设用地则无法满足外生性要求。由于海拔较低的地理空间便于人类活动，高海拔地区则人迹罕至，这样海拔较低的地区的人口集中程度较高，进而医疗、教育等城市公共服务也相对发达，同时低海拔地区的这种地理条件不受前述工资的工具变量影响，城市河流密度高也适于人类居住，人口密度也相对较高，但是人口密度高并不直接等于工资高，而与本地市场规模和产业类别相关①，这可以规避工具变量间的相互影响。根据多次比选，本书采取流入地城市的市辖区平均海拔高度的倒数作为城市公共服务的工具变量的基础指标。在此基础上，考虑城市经济水平也会影响就业和公共财政预算，同时为了获得工具变量的多期时间变量，本书考虑加入滞后一期的城市人均 GDP 作为反映时间维度对工资和公共服务的冲击变量，并与上述两个基础变量相乘作为城市就业工资和公共服务的工具变量，分别简记为 IV_1 和 $IV_2$②。

工具变量检验表明不论是显著性还是回归系数符号，工资效应和城市公共服务都显著吸引人口流入，与基本回归保持一致，具体见表 2 - 4，这进一步验证了理论假说 Ⅰ 和 Ⅱ。无论是对个体层面，还是对城市层面而言，对 IV_1 和 IV_2 的 Hausman 检验都在 1% 置信水平下验证了工具变量的内生性。对个体层面而言，采用两步法 IV-probit 估计方法③，IV_1、IV_2 都在 1% 置信水平下显著拒绝弱工具变量检验的原假设 H_0 "内生变量与工具变量不相关"，如 AR 和 Wald，这表明 IV_1、IV_2 与工资、城市公共服务具有显著的内生相关性。对城市层面而言，采用二阶段最小二乘法补充验证人口流动偏好与流动人口规模的关系，对利用 IV_1 来替换 $\ln w$，本书进行了工具变量的不可识别检验（Kleibergen-Paap rk LM 统计值为 $1.1e+4$），其在 1% 置信水平拒绝原假设，即工具变量与内生变量具有显著相关性，弱工具变量检验通过 Cragg-Donald 的 Wald 检验 F 统计值为 8580.689，都显著大于临界值。对 $\ln b$ 的工具变量 IV_2，Kleibergen-Paap rk LM 统计值为 2266.746，Cragg-Donald 的 Wald 检验 F 统计值为 1910.110，这也进一步

---

① 从工资 w 与城市公共服务 b 来看，客观地说，二者也存在内生性的影响，即工资高的地方，其城市公共服务也较高。基于这种考虑，在构建变量时也需要考虑 IV_1 和 IV_2 是否有共同的影响变量。从 IV_1 和 IV_2 的构建逻辑进一步来看，海拔较低的地区，其更加适于建立学校和医院等公共服务设施，对中国而言，西高东低的地理空间也表明，黄河和长江均由西向东流入海洋，海拔越低的地区，其交汇的河流密度也越高，这样 IV_1 中的河流密度和 IV_2 中的市辖区海拔倒数符合工资和公共服务二者的关系。

② 河流密度来自国家地理信息中心提供的 1:400 的中国主要河流地形图，提取各城市河流路网长度并按城市行政区面积折算（单位：km/km^2）；城市海拔平均高度来自中国《建筑结构荷载规范》，其为市区平均值，缺失城市通过查阅互联网信息补齐。初步分析了工具变量与替代变量的相关性，IV_1 和 IV_2 分别与工资、城市公共服务在 1% 置信水平显著正相关，限于篇幅未列出。

③ 两阶段 IV-probit 及两阶段最小二乘法的第一阶段估计结果见附件。

表明工具变量通过了弱工具变量检验。

表 2 - 4 工具变量检验

M_stay	回归7：twostep IV-probit（工具变量 IV_1）	回归8：twostep IV-probit（工具变量 IV_2）	$\ln M$	回归9：2SLS（工具变量 IV_1）	回归10：2SLS（工具变量 IV_2）
$\ln b$	2.686 *** (9.91)	0.197 *** (7.47)	$\ln b$	0.0338 *** (26.95)	0.913 *** (37.64)
$\ln w$	0.009 ** (2.11)	0.1371 *** (26.76)	$\ln w$	4.088 *** (44.79)	0.623 *** (30.42)
城市特征	已控制	已控制	城市特征	已控制	已控制
个人特征	已控制	已控制	个人特征	已控制	已控制
Wald Chi^2	142.52 ***	71.22 ***	LM	1.1e+04 ***	2266.746 ***
AR	$Chi^2(1)=$ 112.22 ***	$Chi^2(1)=$ 57.17 ***	Wald F	8580.689	1910.110
Wald	$Chi^2(1)=$ 78.24 ***	$Chi^2(1)=$ 55.73 ***	Hansen J	0.000	0.000
样本数	795434	455040	样本数	446992	459895

注：*** 、**分别表示在1%、5%的显著性水平下显著。"回归7"和"回归8"变量系数均为系数，为节约篇幅，第一阶段和控制变量的等结果从略。括号中数值为 z 检验值，面板模型为 t 检验值，余表未列出者同此说明。

对工具变量外生性检验而言，个体层面的 Wald 外生性检验（Wald 外生检验值分别为 142.52、71.22）和城市层面的 Hansen J 检验都表明拒绝了"所有工具变量都外生"的严格原假设，这表明存在一部分内生的工具变量。从实际情况来看，工具变量完全外生（Perfectly Exogenous）的情形毕竟只是一种理想状态，只能通过不断地寻找更强的工具变量来解决，抑或在估计参数范围内"近乎外生"（Plausibly Exogenous）（Conley et al.，2012），本书借鉴"近乎外生"的思路，将严格的排他性约束替换为工具变量对于被解释变量存在一定的影响，因而 IV 估计量的有效性在解释变量系数范围内仍然足以支撑本书的基本假设，本书运用基于 LTZ 的分析方法（Conley et al.，2012）测度了工具变量 IV_1、IV_2 对解释变量估计系数的影响，研究表明对 $\ln b$ 和 $\ln w$ 的估计系数在95%置信区间内仍然支持本书结论。

2. 替代被解释变量

一般地，区域内人口活动范围越广，则表明该区域内经济活动的人口总量越大，这与一般经济学直觉相吻合，人口活动的空间范围在地理上可反映为夜间灯光数据。因此，本书采用夜间灯光数据来度量城市流动人口规模。参考杨孟禹等（2017），首先对灯光灰度值小于6的城市剔除，并识别出城市有效灯光识别区S，结合全国平均灯光数据，将S内大于全国中位数灯光亮度的区域识别为亮区H，反之则为暗区L，将亮区与暗区的灯光栅格数相加即可求得城市灯光有效分布面积，如图2-5。本书采用2010年"六普"的城市常住人口数据与之验证，城市有效灯光栅格数（Grid Num）与城市常住人口呈现显著的正相关关系，如图2-6，流动人口较多的城市常住人口规模也最大，依据这样的思路，本书进一步采用2011—2013年夜间灯光数据有效识别区栅格数（Grid Num）来作为城市流动人口规模 M 的替代变量[①]，检验结果见表2-5的"回归11"，可知工资和城市公共服务正效应显著，这进一步证实了本书理论假说Ⅱ。

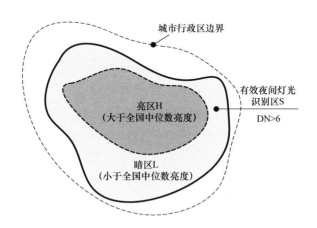

图2-5 利用夜间灯光数据衡量城市人口有效分布区域

---

① 全球夜间灯光数据来自美国国家海洋和大气管理局（NOAA）。由于夜间灯光数据2013年后改变格式，同时考虑为和区域统计年鉴公布的城市常住人口吻合，本节只选取2011—2013年城市夜间灯光数据，ln（Grid Num）与lnL、lnM均显著正相关。

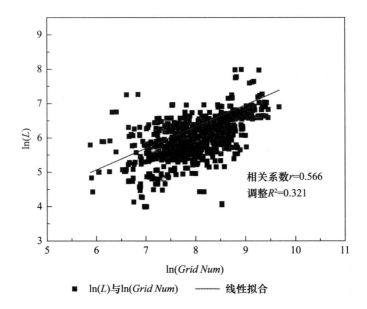

图 2 - 6　夜间灯光有效识别区栅格数与城市常住人口关系（2011—2013 年）

资料来源：笔者根据《中国第六次人口普查分县数据》和匹配至城市层面夜间灯光数据计算。

3. 区分流入地和流出地

由于人口流入和流出会引起城市经济和劳动力市场发生变化，为检验在人口净流出城市和净流入城市中工资和城市公共服务影响流动人口空间选择的有效性，本书进一步将城市层面数据样本分为人口净流入和净流出的两组城市来分组检验，稳健性检验结果见表 2 - 5 的"回归 12"和"回归 13"。人口净流入（M > 0）城市和人口净流出（M < 0）城市中流动人口都受工资效应和公共服务显著正向影响，但从平均边际效应（dy/dx）来看，在人口净流入城市的工资和城市公共服务对流动人口的平均边际效应都大于人口净流出城市，尤其是人口净流入城市公共服务的平均边际效应约为人口净流出地区的 2.141 倍。

表 2-5　　　　　　　　　　　　　　稳健性检验结果

ln (Grid Num)	城市层面		个体层面：dy/dx				
	回归11：替代被解释变量	M_stay	回归12：人口净流入（M>0）	回归13：人口净流出（M<0）	回归14：2011—2013年	回归15：2014—2017年	回归16：剔除2011年
$\ln b$	0.2574***（30.76）	$\ln b$	0.0167***（22.62）	0.0078***（6.99）	0.0057***（7.70）	0.0152***（17.71）	0.0129***（20.04）
$\ln w$	0.0389***（20.76）	$\ln w$	0.0364***（30.37）	0.0273***（14.76）	0.00731***（35.46）	0.0516***（34.06）	0.0370***（33.62）
城市特征	已控制	城市特征	已控制	已控制	已控制	已控制	已控制
个体特征	已控制	个体特征	已控制	已控制	已控制	已控制	已控制
F 统计值	13260.40	Wald Chi^2	75282.26	29188.22	58280.69	56286.52	87195.86
整体 R^2	0.9933	Pseudo R^2	0.3436	0.3354	0.6262	0.1189	0.2946
样本数	175404	样本数	583030	224423	320677	486776	728549

注：***表示在1%的显著性水平下显著。本表去掉了其他指标及常数项回归结果。

4. 划分不同时间阶段

2014 年 7 月 30 日《国务院关于进一步推进户籍制度改革的意见》进一步降低落户门槛，基于此，本书将样本划分为 2011—2013 年和 2014—2017 年两个时间段来验证，基准回归结果仍然稳健，如"回归 14"和"回归 15"，2014 年后城市公共服务和工资效应对流动人口空间选择的正效应更加显著。

5. 考虑 2011 年主观留居意愿处理偏误

由于 2011 年 CMDS 并无直接对流动人口留居意愿的提问，本书在处理 2011 年数据时采用了流动人口在流入地城市的主观社会融入感受来替代，考虑流动人口主观差异，本书处理 2011 年 CMDS 流动人口留居意愿 M_stay_{it+1} 时可能存在误差，故剔除了 2011 年样本，仅考虑 2012—2017 年 CMDS 个体样本数据，如"回归 16"，工资收入和城市公共服务的基准回归结果依然稳健，这表明本书对 2011 年 CMDS 数据处理方式并不会影响研究结论。

三 中国流动人口与城市规模的变化历程及现状特征

当前中国城镇化已经进入到中心城市带动城市群，进而带动区域经济发展的阶段。2018 年中国城镇人口比重已为 59.58%，据笔者估算，在地级市及以上城市层面，到 2018 年年底我国已形成了至少 8 个超大城市、12 个特大城市、25 个Ⅰ型大城市、118 个Ⅱ型大城市①，且伴随人口流动规模扩大，大城市数目还存在增多的趋势。2018 年我国流动人口为 2.41 亿人，据笔者估算，这 20 个特大和超大城市承载了中国国内总流动人口的 23.57%，其中，除重庆外，上海、北京、天津、广州、深圳、成都 6 个超大城市分别吸纳了 959.05 万、786.45 万、476.24 万、542.14 万、822.74 万、142.74 万的流动人口。

（一）目前人口流动的空间格局

从人口流动空间格局来看，人口流出城市众多，呈现明显的空间锁定现象。随着我国城镇化水平持续提高，人口向经济密度较高的城市聚集的趋势并未改变。依据国家卫生健康委公布的中国流动人口动态监测调查数

---

① 依据《国务院关于调整城市规模划分标准的通知》（国发〔2014〕51 号），本书测算出 2018 年我国 20 个特大与超大城市分别是上海、北京、天津、广州、深圳、武汉、重庆、成都、西安、东莞、南京、杭州、佛山、汕头、沈阳、青岛、济南、郑州、苏州、哈尔滨，其中上海、北京、天津、广州、深圳、重庆、成都、武汉是超大城市。

据（后文简称 CMDS），流动人口流入京津冀、长三角和珠三角占比最高，而流出人口主要来自四川、湖南、安徽、河南等中西部省份，东北流出人口也较多（东北三省流出人口总占比为 7.80%，黑龙江流出人口最多，其比重约为 4%；人口呈跨省流动和省内跨市流动，2017 年二者相对比重分别为 49.29% 和 32.95%）。部分城市人口外流或流入的趋势始终没有改变，人口流动存在空间锁定。2011—2017 年中国 275 个城市中人口集聚的有 97 个，人口流出城市达 178 个。上海、北京、深圳、东莞、天津和广州为 2017 年吸纳流动人口最多的 5 个城市；周口、重庆（非市辖区人口）、阜阳、信阳和驻马店为人口净流出最多的 5 个城市。

缺少就业机会、本地工资较低、国家支持政策难以获得、临近区域中心城市是人口流出城市的典型特征。目前我国部分Ⅱ型大城市与中小城市始终呈现人口外流（如洛阳、开封、盐城、芜湖、济宁等Ⅱ型大城市，也含南宁等Ⅰ型大城市），这两类城市产业基础薄弱，本地就业工资低，若单纯取消落户限制，可能会加大财政压力和制度成本。同时目前"人地钱挂钩"等配套政策仍多支持吸纳流动人口较多的城市，对放开落户的大城市（多为人口流出的Ⅱ型大城市）的财政支持政策较少。此外，中小城市要求提高产业支撑能力来承接大城市产业转移，而这类转移产业多为劳动密集型产业，这与当前中小城市人口普遍流出的现状相矛盾。还有部分农业转移人口即便获得了本地城市户籍，为获取高收入，仍选择前往临近区域中心城市或东部沿海城市就业。

农业转移人口仍为流动人口的活跃主体。尽管中国流动人口总量已从 2014 年的 2.53 亿人下降至 2019 年的 2.36 亿人（见图 3-1），但农业转移人口流动比重却持续增长。2019 年流动人口中外出农民工为 1.7425 亿人，占全国流动人口的比重自 2010 年以来持续上升，外出农民工占中国流动人口的比重已由 2010 年的 69.39% 上升至 2019 年的 73.83%，这种农业转移人口的大规模、跨地区、季节性流动不仅改变了人口流出地的劳动力供给结构，造成人口过度外流城市的功能性衰退，而且不利于提高本地户籍城镇化率，制约了"以人为核心"的城镇化进程。近年来，学术界和

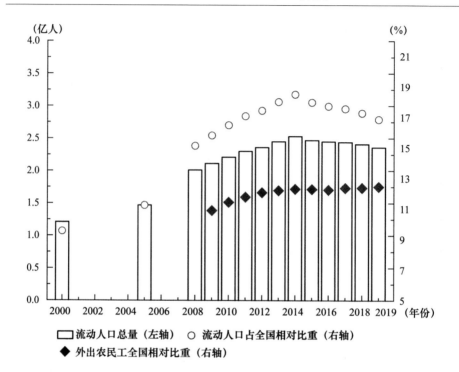

图 3 - 1　中国流动人口数量及比重变动趋势（2000—2019 年）

注：2021 年第七次全国人口普查数据表明，流动人口为 375816759 人，其中跨省流动人口为 124837153 人，省内流动人口为 250979606 人，与 2010 年第六次全国人口普查相比，流动人口增加 154390107 人，增长 69.73%。

资料来源：参见《中国统计年鉴（2020）》。

政策制定部门①对通过放开城市落户限制来推进户籍制度改革已达成明确共识，目前除个别超大城市外，其余城市落户限制正逐步放开，人口流动的户籍约束成本明显降低，截至 2020 年年末，"城区常住人口 300 万以下的城市基本取消落户限制，超过 1 亿农业转移人口在城镇落户。"（国家发展和改革委员会，2021）但流动人口需求情况复杂，农业转移人口市民化进度缓慢，农民工流动人口增幅为 2011 年下降以来的首次回升，如图

————————

① 国务院办公厅 2016 年 9 月 30 日发布了《推动 1 亿非户籍人口在城市落户方案》，2018 年 9 月 30 日国家发展和改革委员会又发布了对该方案的落实情况的督查方案，2019 年 3 月 31 日国家发展和改革委员会又发布了《2019 年新型城镇化建设重点任务》。

3-1所示,这表明农业转移人口还未有效融入城市,目前精准落户政策储备不足,尚未有效激发农业转移人口的落户意愿。农村人口既可前往临近城市就业取得较高劳动收入,又不会丧失原农村土地等权利,这种思维导致其真实落户意愿的个体差异性很大;而距城市较远的农村人口尽管有落户意愿,但由于其技能水平,落户后享有均等公共服务并不能抵消城市居住成本,落户将面临实际生活困难,上述原因都使农村流动人口回流效应显著。

(二) 2010 年以来中国流动人口的典型特征

要理解人口疏解政策的有效性,有必要首先准确认识中国人口流动的典型特征,具体如表 3-1、表 3-2 所示。

表 3-1   **中国流动人口家庭基本信息 (2011—2017 年)**

年份	抚养比	儿童抚养比	老年抚养比	平均受教育年限	流动人口不同学历占比 (%)			
					初中以下	高中及中专	大学本科及专科	研究生及以上
2011	0.267	0.256	0.011	9.516	71.52	20.65	7.66	0.18
2012	0.355	0.340	0.016	9.944	69.47	21.26	9.06	0.22
2013	0.357	0.347	0.010	10.025	69.06	21.41	9.32	0.22
2014	0.349	0.332	0.017	9.931	66.59	20.55	12.53	0.32
2015	0.396	0.362	0.034	9.888	65.71	21.74	12.27	0.29
2016	0.409	0.370	0.039	10.153	61.71	22.30	15.51	0.48
2017	0.430	0.379	0.052	10.110	60.70	21.90	16.88	0.52

注:受教育水平采用受教育年限来界定,小学为 6 年,初中为 9 年,高中为 12 年,大学本科为 16 年,硕士研究生为 19 年,博士研究生为 22 年。

资料来源:笔者将 CMDS 数据整理匹配至 275 个城市进行计算,其余未注明者同此说明。

表 3 - 2　　　　中国流动人口就业的产业部门结构（2011—2017 年）

年份	农业	工业	制造业	服务业	生产线服务业	消费性服务业	基础性服务业
2011	2.39	27.52	17.28	70.09	5.56	30.11	18.21
2012	2.90	26.86	17.34	70.24	5.85	30.00	18.51
2013	2.63	26.92	16.55	70.45	7.12	30.18	17.77
2014	3.54	25.20	15.82	71.26	9.01	31.82	18.21
2015	2.09	23.94	16.27	73.97	7.24	32.59	16.45
2016	2.01	21.76	13.75	76.23	9.36	31.46	17.16
2017	1.95	20.42	12.84	77.63	7.98	28.13	12.48

注：1. 根据 CMDS 问卷内容，生产线服务业为金融业，房地产业，交通运输、仓储和邮政业，科学研究和技术服务业；消费性服务业为批发和零售业，住宿和餐饮业；基础性服务业为卫生和社会工作，文化、体育和娱乐业，教育，公共管理、社会保障和社会组织。

2. 本表中这些细分服务业比重为相对于城市流动人口抽样总数而言。

第一，流动人口家庭情况呈现新特征。一是平均流动时间延长，从 2011 年的 5.64 年上升到 2017 年的 7.35 年。二是家庭规模变大，从流动人口年龄结构来看，2011 年流动人口主要为 18—65 岁以内的劳动力流动，2017 年流动人口既存在 25—30 岁的青年群体，也存在 65 岁以上的老年人，同时 40—60 岁的流动人口比重也下降，这表明流动人口携全家迁移的趋势愈加明显。三是流动扶养压力增大，人口抚养比已从 2011 年的 0.267 上升至 2017 年的 0.430，儿童抚养为抚养比上升的主要来源（较 2011 年上升 47.80%）。四是家庭消费比重逐步提升，2017 年消费占比 58.49%，但房租约占个人工资收入的 19.13%。这也意味着城市流动人口的儿童抚养和老人赡养压力较大，因而对基础教育和医疗等城市公共服务的需求将逐步加大，这也必将影响流动人口占比较大的农业转移人口的城市落户选择。

第二，流动人口个人受教育水平逐渐提高。尽管低技能劳动力仍是流动人口的主要组成部分（2017 年占流动人口的 60.70%），但流动人口平均受教育年限逐年增加，已从 2011 年的 9.52 年上升至 2017 年的 10.11 年。流动人口中大学本科及专科学历比重逐年上升（由 2011 年的 7.66% 上升至 2017

年的 16.88%），尽管研究生及以上学历流动人口比重较小，但其也呈现上升趋势。2017 年拥有研究生及以上学历的流动人口比重已为 0.52%，相较 2011 年上升 0.34%。

第三，流动人口就业服务业化，且多在私人部门就业。2005 年全国 1% 抽样人口调查数据推算表明，跨省流动人口中近 55% 从事制造业，流动人口从事服务业不足 30%，根据 CMDS 微观数据进一步分析，制造业吸纳流动人口比重逐年下降，2017 年已不足 21%，服务业吸纳流动人口比重为 77.63%，已经远超制造业从业比重 12.84%，主要为批发和零售业、住宿和餐饮业等传统消费性服务业和社会服务、卫生体育等基础性服务业，二者分别占城市流动人口抽样的 28.13%、12.48%，均大于从事生产性服务业占城市流动人口的抽样总数（2011—2017 年其比值在 5%—10% 变动）。

流动人口从事服务业比重大于制造业比重，同时从事一般服务业比重大于从事生产服务业比重，这表明流动人口就业结构正在发生转变。从教育结构可知，大多数流动人口属于低技能劳动力，由于制造业劳动力工资不占优势，流动人口的城市就业多为一般服务业，这与当前通过产业转移（特别是制造业转移）来引导人口流动的政策导向相矛盾，可能并不能有效疏解人口外流。

从就业部门来看，流动人口主要在民营企业就业，但在近年来其比重有所下降，2017 年比重高达 60.35%，较之 2011 年下降 2.8%，在国有企业及机关事业单位后勤部门就业累积约 7%，外资企业就业占比仅 3.35%。二者较之 2011 年比重变化不大。2017 年流动人口自主创业占 11%，较之 2011 年增加 4.25%，这些新的变化表明我国流动人口就业偏向市场化，流动人口在城市自主创业呈逐步增加的趋势。

第四，人口流动动机主要为获取高工资，但城市公共服务质量最终决定流动人口是否能留下。整体来看，2011—2017 年我国城市吸纳就业（务工/工作、经商）的流动人口占比近 80%；根据 CMDS 计算，流动人口获得养老保险和医疗保险比重不高，2017 年分别为 18.63% 和 6.95%。进一步研究表明，追求高工资是驱动人口短期空间流动的关键原因，但随着流动时间和教育年限的增加，工资吸引力将逐步降低；从长期来看，人口则更倾向于选择教育、医疗等基础服务较高的城市。此外，大城市高房价并未有效抑制城市规模和人口流入。

四　人口疏解政策的国际经验比较

人口集聚和流动是影响区域和城市经济发展的基本变量，人口流动的空间差异是区域发展差异的客观体现，从全球代表性城市的人口集聚趋势来看，合理调控城市人口规模和优化城市劳动力供给成为超大和特大城市都面临的共性问题。伴随中国城镇化进程的不断推进，除北京、上海等个别超大城市外，户籍制度壁垒逐步降低[①]，对人口流动和落户的限制逐步解除，外来人口不再被视作城市发展的负担，根据 2020 年第七次全国人口普查数据，中国部分大城市集聚外来流动人口的规模仍在继续增大[②]，这使得政策制定者和学术界开始对 2014 年以来超大城市中的人口疏解政策进行反思（蔡昉等，2020；邓仲良，2021）[③]。

（一）国外主要城市人口疏解政策经验

从中心城市或城市中心城区疏解人口并非仅京津冀地区独一面对的问题，从世界首都城市的发展历史进程来看，英国伦敦、日本东京、韩国首

---

① 截至 2020 年年末，"城区常住人口 300 万以下的城市基本取消落户限制，超过 1 亿农业转移人口在城镇落户。"参见国家发展和改革委员会《国家发展改革委举行 1 月份新闻发布会 介绍宏观经济运行情况并回应热点问题》，2021 年 1 月 19 日。

② 根据各城市公布的"七普"数据，2020 年北京、上海、广州、成都分别有外来流动人口 841.84 万人、1047.97 万人、937.88 万人和 845.96 万人，其中成都市常住人口为 2093.78 万人，首次超过 2000 万人，占四川全省的 25.02%。

③ 本章相关内容可进一步参见邓仲良《从国际比较和历史视角看城市人口疏解政策》，《齐鲁学刊》2021 年第 6 期。

尔等城市都实施过人口疏解政策，尽管各国实际情况各有不同，但仍然存在着一些共性规律，本章将系统总结国内外主要城市人口疏解政策的经验做法。

1. 以功能疏解和城市功能再布局引导人口流动

从全球主要发达经济体的首都经济圈来看，以功能调整促进产业结构变迁进而带动人口就业的空间迁移是通过城市功能疏解促进人口疏解的内在逻辑。首都圈大多都经历了都市圈内部功能再布局，并引起人口疏解效应，即人口的就业和生活逐步从中心城区向郊区迁移。从北京、伦敦、首尔、东京和巴黎等城市的经验来看，城市功能再布局的具体措施主要有新城建设、卫星城建设和空间功能优化三种策略，如表4-1所示。

表4-1　　　　　　　　**全球主要城市人口疏解措施**

城市	主要疏解功能类型	模式类型
北京	城市功能定位优化（以通州为北京行政副中心＋雄安非首都功能集中承载地）推进一般性制造业、区域性物流和批发市场、部分行政和事业性服务机构和企业总部从北京向周边地区疏解	新城建设＋功能疏解
首尔＋世宗	首尔以"创新城市"计划为载体推动研究机构、高校、高科技产业等由首尔向都市圈外转移，例如清州为电子产业、釜山为渔业、金融和电影，全州市为农业生物科技等；世宗市以"行政中心城市"功能为主	新城建设＋功能疏解
东京	部分79个行政机关和11个军队单位迁出东京，研究机构、社会团体及行业协会也由东京向周边城市迁出	新城建设＋功能疏解
巴黎	"去工业化"，工业向巴黎周边8个产业集群转移	新城建设＋产业疏解
伦敦	将卫星城建设、新城规划和产业转移相结合	卫星城建设＋产业转移

资料来源：笔者根据已有研究总结。

对国外城市而言，东亚国家首都经济圈主要以功能分散为主，例如为解决首都经济圈过度膨胀问题，韩国将首都功能和城市经济功能独立分开，成立了世宗市来行使首都政治功能。2013 年 7 月 1 日起，韩国 16 个中央部门和 20 个下属机构迁移到世宗市，而首尔的科技产业、科研机构和高校向周边城市转移（尤其是科技产业和研究机构），首尔都市圈仅重点发展主导产业（信息技术和创意文化产业）。1956 年，日本出台了《首都圈整备法》，扩展了东京的范围，并提出首都圈概念，严控可能造成人口上升的工厂和大学的新建和扩建。1988 年，日本通过了疏解国家行政机关（日本国会、中央政府和最高法院）的相关政策，但由于 2004 年后日本开始经济衰退和东京的极力反对，最高行政权力机关并未完成搬迁，但仍有部分行政机关、军队单位和行政机关从东京迁出到周边城市，东京形成了新宿、涩谷等多个副中心以及筑波等多个新城。

另外，巴黎和伦敦也以新城建设、卫星城建设和产业转移为主要手段实现产业再布局带动人口就业转移。对于巴黎而言，第二次世界大战后，巴黎政府开始将基础性工业转移到巴黎大区边缘及以外地区，而管理、研究等生产性服务业则集中到城市中心区，为改变"法兰西岛"（Ile-de-France）的单中心城市结构，从 1956 年开始，巴黎陆续在周边地区建立大型住宅区和新城，2008 年《大巴黎计划》又在巴黎周边整合规划了 8 个产业集群，并配套相应的住宅和公共交通基础设施。对于伦敦而言，伦敦从 1946 年开始在不同时期新建不同类型的新城来吸引伦敦核心区人口，经历了由单纯的住宅新城（花园式城市、田园城市，或者采用"绿带"①将中心城市与卫星城分割开）逐步向交通通达性较高的产业融合新城演进。早期伦敦周边的新城建设仅注重就业和生活，忽视了购物、休闲等配套设施，例如哈罗新城，后期逐步将产业与新城规划相配套，这些不同的城市承担着不同的功能定位，吸引相应技能劳动力集聚。

对北京而言，采取了上述三种措施，卫星城培育主要发展燕郊、廊坊等，新城建设主要建立了通州行政副中心和雄安新区，而功能疏解主要是推动北京东城区、西城区、海淀区和朝阳区的行政机构、制造业、科研机

---

① "绿带"主要指规划上的公园、农田等，其来自于英国建筑学家霍华德（Ebenezer Howard）提出的"花园城市"理论。

构、大学等创新机构、区域性物流基地与批发市场向外疏解。

2. 以区域内交通网络一体化促进人口自由流动

无论是新城建设、卫星城培育，还是通过产业转移来引导人口流动，由于城市中心区人口过度集聚的拥挤效应，不同区位之间的交通网络一体化发展都是引导人口疏解的重要辅助政策。促进交通网络一体化可显著提升地区间的交通可达性，进而降低人口流动成本，有利于形成多中心集聚的城市空间结构。

从美国大城市发展来看，美国城市主要兴建了城市间高速公路，城市间汽车出行成本较低，对城市中心区而言，则主要发展市郊交通干道，并将文化和教育资源向郊区发展，同时降低实行差别地价，通过低郊区地价和低税率吸引企业向郊区迁移，进而带动了城市中心区的人口和就业向郊区转移。对英国伦敦而言，大伦敦区政府不断优化公路规划，大力发展公共交通，增加线路网密度，提升中心城区与周边地区的交通通达性。对法国巴黎而言，巴黎构建了放射状路网结构，构建快速、便捷的公共交通系统，城市内地铁基本可以满足巴黎核心区 8 千米以内的交通出行，而巴黎大区快速铁路能够连接城市中心区与周边 50 千米的区域，在快速铁路系统节点还设置了换乘公交与有轨电车；与此同时，巴黎与周边区域的路网建设与新城建设基本同步进行，周边新城与巴黎核心区之间交通便利。与之相应的日本东京都市圈更具有成熟的地铁出行系统，东京都和神奈川县、千叶县等周边区域交通与人口流动联系密切，东京与新桥、上野、池袋、新宿、涉谷等周边地区都具有完备的轨道交通连接，这些轨道交通同时也连接了不同地区的体育馆、文化名胜景点、森林公园、商业购物中心、铁路车站等，大阪都市圈（京都、大阪、兵库、奈良）和名古屋都市圈（爱知、三重、岐阜）同样也具有类似的通勤便捷的轻轨系统。韩国首尔与周边卫星城都建设了密集的交通网络，同时将巴士等公共交通工具与地铁有机结合。

从全球代表性都市圈来看，交通网络一体化是促进都市圈形成的必要条件，成熟都市圈都具有系统的交通一体化网络，其以城市间轨道交通系统（轻轨或快速铁路）和高速公路系统为主，以城市环线、干线公路和城市地铁系统为辅，其有效降低了中心城市与周边城市的出行时间成本，拉近了居住区、工作区和商务区、文化区、森林公园休闲区的时间距离，减缓了单一公路交通的拥挤效应。同时，这样完备的交通路网建设也并非一朝一夕完成的，而是经过长达百年的建设逐步完善的，例如东京都市圈最早可追溯到1895年，1927年已经形成东京与周边地区的第一条铁路线路，并经历了1955年、1961年、1972年等多次完善，迄今已经成为全球地铁轨道交通系统最为完备的地区之一。

3. 以疏解地机构迁出与承接地培育并重实现就业空间均衡

以功能疏解带动人口流动的最终政策目标在于促进区域均衡发展，但功能疏解引起的产业转移和培育需要立足疏解承接地的实际综合情况，其关键在于三个因素：第一，被疏解企业或机构是否愿意迁出。这种意愿受市场机制和政府作用的综合影响，前者主要来源于成本提高和产品竞争优势丧失，后者则主要为政府通过产业发展目录、城市空间功能定位等制度文件直接确定。第二，疏解地产业或机构与承接地发展是否匹配。具体影响因素有劳动力成本、资源优势、生产成本、基础设施、经济水平、市场规模、环境优势等（邓仲良、张可云，2016），其中，产业空间转移应立足不同地理空间的产业比较优势来确定，其中集聚效应引起的市场规模、产业关联尤为重要（Puga & Venables，2000）。第三，劳动力就业是否依赖于被疏解产业。当劳动力就业转换弹性较大时，被疏解产业的就业人员可能也会转移至同城市其他产业部门，这样以产业疏解带动人口疏解的政策预期便无法实现。

对全球代表性都市圈经济而言，从市场机制有效性来看，以美国为例，由于劳动力成本和建设用地成本，制造业、零售业逐步由城市中心区迁往城市郊区，尤其是大型飞机制造及高科技企业。英国伦敦经历了人口疏解到再集中的过程，最初伦敦在1946年至20世纪90年代实施新城建设，旨在通过产业转移到周边卫星城来降低环境污染和人口膨胀，但由于产业集聚与城市发展错配，反而导致了因城市中心区就业岗位流失的伦敦衰败，2000 年后伦敦开始进行城市复兴和城市再开发金融，城市中心区基础设施建设逐步完善，并吸引金融、娱乐、媒体和互联网科技企业进入国王十字街等城市中心区。1971—2000 年，韩国首尔也经历了从首尔疏解工业到周边卫星城的过程，但首尔迁出的工业类型主要是高污染企业。

从政府作用方面来看，以韩国的公共机构疏解经验为例，促进行政、教育和科研等公共机构向周边区域转移有效带动了周边地区的发展。无论是 1970 年开始的工业外迁，还是 1980 年开始的以住房建设为主的新城建设，抑或是 2000 年后行政和经济城市功能再布局，公共机构疏解政策一直伴随首尔发展的各个阶段，最终形成了以世宗市为核心的行政中心，这不仅提高了区域均衡发展水平，而且促进了首尔都市圈的经济水平持续增长，扭转了首尔人口过度膨胀的趋势。

4. 构建与时俱进、统筹兼顾的动态协调机制

人口疏解是一项系统性政策，也可以说关于就业、居住、交通、公共服务等多种政策都可以实现人口疏解，从全球主要城市的人口疏解政策演进趋势进一步来看，成功实施人口疏解根本在于促进区域均衡发展，而不同区域发展重点不同，这就要求构建执行力统一的跨区域协调机构和顶层设计制度框架。首先，区域功能调整和发展规划统筹需要执行力强和统筹跨区域协调发展的专门机构来执行。其次，考虑经济社会发展具有长期性，在长期的发展过程中经济体也会受到外部影响，这些影响因素有的是有利的，有的是一种不利冲击。随着经济社会发展，城市和人民的工作和居住要求也会不断发生变化，无论是伦敦及周边形成的"大伦敦区"（Great London）① 政府，还是首尔都市圈功能再布局，政府都出台了针对

---

① 大伦敦区（Greater London），又称为伦敦区（London Region），位于英国英格兰东南部，是英格兰下属的一级行政区划，空间范围包含英国首都伦敦与其周围的卫星城镇，其下包含了伦敦市（City of London）与西敏市（City of Westminster）、肯辛顿—切尔西区（Kensington and Chelsea）等32个伦敦自治市（London Boroughs），共33个次级行政区。

性较强的规划，并配套相应的法律作为保障，同时还在一定规划期内根据实际经济社会情况对其进行了调整，例如伦敦的《大伦敦发展规划》《新城法》《内城法》、法国的《巴黎大区 2030 战略规划》、日本的《首都圈整治法》、韩国的《首都圈整备规划法》等。此外，韩国通过组建高层次协调机构，设立了首都地区管理委员会和世宗特别自治市支援委员会，有效推动了政府行政机构疏解，同时根据不同时期的具体情况，出台了相应举措有效引导人口疏解和城市功能再布局。中国则发布了《京津冀协同发展规划纲要》，并以此修订了《北京城市总体规划（2016 年—2035 年)》和《河北雄安新区规划纲要》。

以韩国首尔为例，从首尔到世宗经历了三个阶段的人口疏解过程：第一阶段主要为 1960—1970 年，这个阶段主要通过城市工业功能疏解和周边工业新城建设来带动就业岗位转移，同时首尔也开始尝试将部分国家行政机关迁往果川（行政新城）。第二阶段主要为 1970—2000 年，这个阶段主要以住房建设为主，旨在解决人口集聚引起的住房短缺问题，在最初城市周边"绿带"地区新建了大规模居住区，并在京畿道地区加大了住房供给，在这个时期，工业疏解仍然进行，并加大了行政机构疏解力度。第三阶段为 2000—2012 年，这个阶段主要以行政机构再布局为主，2003 年 12月韩国颁布《新行政首都特别法》，在忠清南道的燕歧郡、公州市和忠清北道清原郡交界处设立名为"世宗市"的第二个行政首都，并在 2012 年 7月 1 日正式启用世宗市，除中央政府关键部门（青瓦台总统府、国会、国防部、外交通商部）仍留在首尔，其他 17 个行政部门、大学和科研机构等迁往世宗市。2019 年世宗市（Sejong）人口规模为 33.8136 万人，占韩国 2019 年人口的 0.65%。从人口迁移变化率来看，韩国 2020 年国内流动人口规模为 773.5 万人，比 2019 年增长 8.9%（增加 63.1 万人），世宗市是韩国国内人口迁入率最高的城市，2020 年比 2019 年上升 3.8%，其人口增长率也是最高的，2019 年增速为 8.2%，远高于其他城市。对其他地区的人口迁移率而言，京畿道地区也是吸引人口流入的重要区域，其较之2019 年流动人口迁入率上升 1.3%，而首尔（Seoul）2020 年人口迁移率较之 2019 年下降 0.7%，但由于首尔都市圈（首尔、仁川和京畿道）的人口规模较大，2019 年人口达 2589 万人，首尔、仁川和京畿道三地集聚韩国近 50% 的人口，其中首尔占 18.62%、京畿道占 25.69%。详情如表 4-2、图 4-1 所示。

表 4-2　　　　　　　2019 年韩国各地人口规模及比重

国家及地区	英文名称	总人口规模（人）	相对比重（%）
韩国	Korea	51 779 203	—
首尔	Seoul	9 639 541	18.62
釜山	Busan	3 372 692	6.51
大邱	Daegu	2 429 940	4.69
仁川	Incheon	2 952 237	5.70
光州	Gwangju	1 489 730	2.88
大田	Daejeon	1 498 839	2.89
蔚山	Ulsan	1 143 692	2.21
世宗	Sejong-si	338 136	0.65
京畿道	Gyeonggi-do	13 300 900	25.69
江原道	Gangwon-do	1 520 127	2.94
忠清北道	Chungcheongbuk-do	1 629 343	3.15
清南道	Chungcheongnam-do	2 188 649	4.23
全罗北道	Jeollabuk-do	1 807 423	3.49
全罗南道	Jeollanam-do	1 787 543	3.45
庆尚北道	Gyeongsangbuk-do	2 668 154	5.15
庆尚南道	Gyeongsangnam-do	3 347 209	6.46
济州	Jeju	665 048	1.28

资料来源：韩国统计局（Statistics Korea），Population Census。

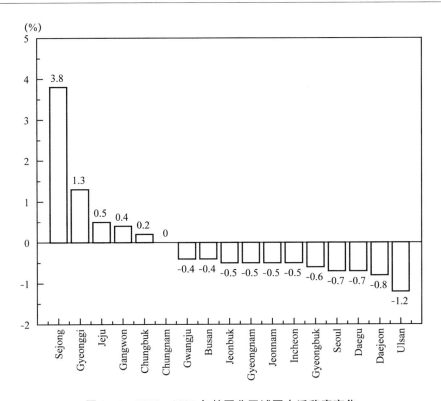

图 4 - 1　2019—2020 年韩国分区域国内迁移率变化

资料来源：韩国统计局（Statistics Korea），Internal Migration in 2020：Net migration rate by region，2021 年 1 月 26 日。

（二）全球主要城市人口疏解与城市发展问题

城市可持续发展与人口规模控制、人口结构调整是相辅相成的，从全球主要城市历史上采取人口疏解政策的经验来看，劳动力向高收入的经济高密度地区流入是客观的经济规律，缺乏系统政策配套的城市人口疏解政策会导致经济效率下降和新城建设失败，单一地疏解人口可能造成城市中心区衰落，还将引发"内城问题"，其对中心区发展和历史文化传承也会造成不利影响。

1. 缺乏配套的新城建设与人口外流城市"内城问题"

缺乏全局规划和配套政策的新城建设运动会造成城市核心区产业流失和区域萧条，这不仅造成城市中心区陷入萧条，而且经济和财政问题还会进一步引发社会问题，这种"内城问题"在美国、英国和法国都相继出现过。

以英国伦敦为例，由于环境污染、人口过度集聚、住房紧张以及第二次世界大战后的贫困问题，伦敦市及周边大伦敦地区在 1946 年开始也执行了类似的人口疏解政策，伦敦相继颁布了《新城法》和《新城开发法》，组建了相应的新城建设委员会，具体涉及 14 个新城，其中 8 个围绕伦敦用来解决伦敦过度拥挤的人口问题，并计划从城市核心区疏散 150 万人到周边新城。当时新城建设的目标是提供融合工作、居住为一体的平衡自给城市，但由于工作就业岗位欠缺，收入水平不高，同时新城在初期还缺乏多功能的城市基础设施供给，部分人口又流回城市中心区。城市中心区的单一人口疏解势必造成城市必须劳动力缺乏，由于相关产业和人才转移，伦敦中心城区出现了严重的财政问题，失业率增加，经济问题进一步演化为犯罪、吸毒等社会问题，城市内核心区出现众多的贫民区。面对伦敦的"内城问题"，英国政府出台《内城地区法》，将更多的产业迁回伦敦城市核心区，促进内城复兴。

从更加广泛的角度来看，伦敦不仅是伦敦市（City of London），而且包括了周边 32 个自治市（London Borough），因而伦敦也有"内伦敦"（Inner London）和"外伦敦"（Outer London）之分，通常有 2 种不同的划分，其一为根据 1965 年施行的《1963 年伦敦政府法案》（London Government Act 1963）划分，其大概包括了 Camden 等 12 个伦敦自治市。其二为英国国家统计办公室（Office for National Statistics，简称 ONS）统计用途划分的内伦敦区域，其包括了 13 个伦敦自治市，较之 1963 年法案规定的内伦敦地区，ONS 规定的内伦敦增加了 Newham 和 Haringey，但剔除了 Greenwich，同时将伦敦市纳入统计范围。考虑统计数据获取的统一性，本书对内伦敦和外伦敦的划分采用了 ONS 规定①。

本书从英国 ONS 提供的历史人口普查数据（Historical Census Population）来看，如图 4 - 2 所示，从 1800 年到 2019 年，伦敦人口规模是长期增长的，但中间经历了因第二次世界大战及后续的疏解伦敦人口的新城建设导致的人口下降，1801 年伦敦人口为 109.7 万人，其后 100 多年伦敦人口一直增加，1939 年伦敦人口规模为 861.5 万人，其后到 1991 年的近 52年间伦敦人口总量一直下降，1991 年约为 639.36 万人，较之 1939 年下降222.14 万人。1980 年，伦敦开始逐步停止新城建设，同时开始复兴伦敦内城，培育金融、研发等高附加值产业，城市中心区人口又逐步开始集聚，伦敦人口总规模开始逐年上升，2012 年伦敦人口为 830.88 万人，截至 2019 年伦敦人口已达 896.20 万人。其中，内伦敦人口从 1911 年开始逐年下降，一直到 1991 年才开始恢复，内伦敦人口 1911 年为 500.20 万人，1991 年为 234.31 万人；而外伦敦人口则从 1800 年开始一直上升，尤其是1946 年开始上升幅度最快，在经历了 1960—1990 年略微下降后又快速上升。截至 2017 年内伦敦人口为 353.57 万人，外伦敦人口为 529.98 万人，二者分别占 2017 年伦敦总人口的 40.06%（内伦敦）和 60.05%（外伦敦），而在 1939 年及以前内伦敦人口占比均高于外伦敦。

2004 年以来伦敦市人口增速放缓，2019 年为 2004 年以来增长最少的一年，仅增加 54000 人（增速 0.6%），从 ONS 数据来看，这主要由于国际移居国外移民增加约 2.6 万人，而国际移入移民数降低了 9000 人，国际移民使伦敦仍然增加 7.7 万人。从国内迁移来看，2019 年从伦敦迁往英国其他地方的人数增加了 2.6%，达到 34.9 万人；而迁入伦敦的人数增加了 7.6%，达到 25.5 万人。与英国其他地区相比，伦敦人口的年龄结构较为年轻，2019 年伦敦人口平均年龄（35.6 岁）比英国整体平均年龄

①　内伦敦包括 13 个自治市：Camden、City of London、Hackney、Hammersmith and Fulham、Islington、Kensington and Chelsea、Lambeth、Lewisham、Southwark、Tower Hamlets、Wandsworth、Westminster、Greenwich，外伦敦为 20 个自治市：Haringey、Newham、Barking and Dagenham、Barnet、Bexley、Brent、Bromley、Croydon、Ealing、Enfield、Harrow、Havering、Hillingdon、Hounslow、Kingston upon Thames、Merton、Redbridge、Richmond upon Thames、Sutton、Waltham Forest。

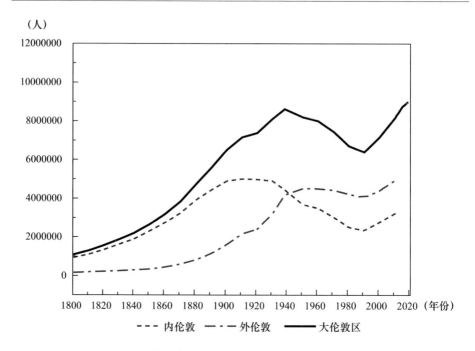

图4-2　伦敦市人口规模变化趋势（1801—2019年）

注：内、外伦敦人口规模2012—2016年和2018—2019年缺失，其余数据完整。

资料来源：英国国家统计办公室［Office for National Statistics（ONS）］，Historical Census Population。

（40.3岁）低近5岁，伦敦65岁及以上的人口仅占12.1%。从2019年国际和国内迁移人口的年龄结构来看，如图4-3所示，英国国内流入伦敦的人口年龄集中在20—30岁，其他年龄段人口都为迁出伦敦人口，30—40岁的成人和孩子（18岁以下）最有可能离开伦敦。19岁人口的外流比流入高出1.1万人，这很可能由出入伦敦接受高等教育的年轻人造成。对国际迁移进入伦敦的国际移民而言，年龄分布曲线较为平稳，0—10岁、25—35岁是国际移民进入伦敦的集中年龄区间。

从大伦敦区年龄结构进一步来看，内伦敦人口的平均年龄低于外伦敦，如图4-4所示，内伦敦人口年龄主要分布在20—40岁，而外伦敦人口年龄主要分布在20—50岁，其余年龄结构人员分布较之内伦敦更均衡。

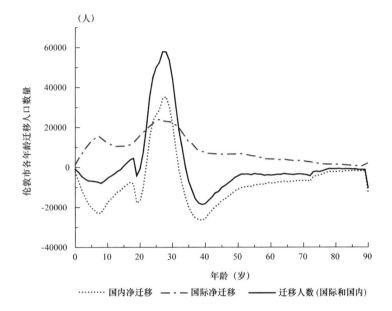

图 4 - 3　不同年龄迁移人口对伦敦市人口的影响（2019 年）

资料来源：Office for National Statistics，National Records of Scotland，Northern Ireland Statistics and Research Agency Population Estimates.

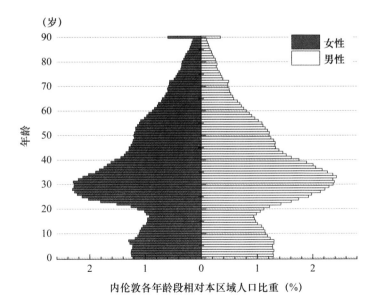

（a）内伦敦人口年龄结构（2019 年）

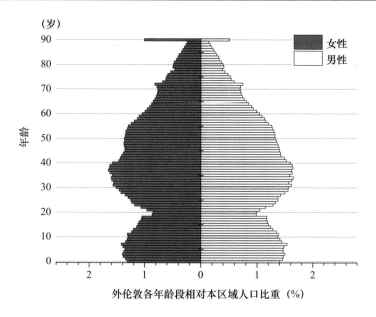

（b）外伦敦人口年龄结构（2019 年）

图 4 - 4　伦敦市人口年龄结构（2019 年）

资料来源：笔者根据英国国家统计办公室［Office for National Statistic（NOS）］数据计算得出。

从 2019 年英国国内人口区域间流动情况来看，大伦敦区 2019 年人口净迁入率为 - 10.55%，其余地区除西米德兰地区（West Midlands）外，区域人口净迁移率都为正，如表 4 - 3 所示。伦敦人口规模增长主要依赖于自然增长，而非人口迁移引发的机械增长，对大伦敦区而言，伦敦总体仍然呈现人口迁出趋势，除伦敦市和萨顿（Sutton）2019 年净流入人口为 145 人和 485 人外，其余伦敦 31 个地区的净迁入率都为负。同时，伦敦的自然变化水平仍然相对较高（出生人数比死亡人数多 71000 人），在伦敦 33 个地区中，有 27 个地区截至 2019 年年中的人口增长速度低于上一年，英国增长最快的 2 个地区是伦敦金融城（11.7%）和卡姆登（3%）。从伦敦内外区域来看，内伦敦和外伦敦的留出人数分别为 341822 人和 457543 人，其都大于流入人数 315529 人（内伦敦）和 389844 人（外伦敦），如表 4 - 4 所示，2019 年内伦敦、外伦敦的人口流动情况无本质区别，外伦敦外流人口规模大于内伦敦，这表明对伦敦市而言，内伦敦的就业和工作、学习机会高于外伦敦，但就业机会仍低于周边区域。

表4－3 2018—2019年英国各区域人口流动情况

区域		迁入率（%）	迁出率（%）	净迁入率（%）
North East	东北地区	20.67	19.49	1.19
North West	西北地区	19.69	18.31	1.38
Yorkshire and The Humber	约克郡和亨伯	23.85	23.58	0.27
East Midlands	东米德兰	31.98	29.47	2.51
West Midlands	西米德兰	23.35	23.67	－ 0.32
East	东部地区	29.98	27.89	2.09
London	大伦敦区	28.66	39.21	－ 10.55
South East	东南地区	30.96	29.84	1.11
South West	西南地区	30.63	25.95	4.68
Wales	威尔士	22.61	19.84	2.77
Scotland	苏格兰	8.73	6.88	1.84
Northern Ireland	北爱尔兰	6.08	5.49	0.59

资料来源：笔者根据 ONS 数据计算得出。

表4－4 2019年内、外伦敦及部分地区的流动人口基本情况

城市区域	区域类型	流入人口（人）	流出人口（人）	净流入人口（人）
内伦敦	—	315529	341822	－ 26293
外伦敦	—	389844	457543	－ 67699
City of London	内伦敦	1116	971	145
Camden	内伦敦	24141	27036	－ 2895
Hackney	内伦敦	23806	26179	－ 2373
Hammersmith and Fulham	内伦敦	21264	22943	－ 1679
Haringey	外伦敦	24138	29256	－ 5118
Newham	外伦敦	24676	34513	－ 9837
Ealing	外伦敦	26665	32257	－ 5592

资料来源：笔者根据 ONS 数据计算得出。

2. 功能分散化降低城市发展速度，影响区域发展韧性

城市功能的过度分散化可能降低城市经济的集聚效应，并造成区域发展路径单一，反而降低了抵御外部经济冲击的发展韧性。以韩国为例，首

先，韩国推进的"创新城市"计划尽管带动了首尔周边城市的发展，但过多的创新城市也分散了城市发展的必要资本、劳动力投入，造成部分创新城市发展缓慢。其次，韩国依据各地发展高科技产业的不同基础条件，主动选择的"创新城市"忽视了高科技产业发展规律，可能造成高科技产业发展路径单一和发展路径错位。高科技产业往往需要人与人之间的密切接触，尤其是不同领域的研究人员面对面交流，这种人为设定主导产业的城市可能缺乏产业多样性，产业多样性缺失降低了不同产业背景研究人员的交流频率，这不利于城市创新力进一步提高。

对被疏解的中心城市而言，无论是从城市内到城市外的"大疏解"，还是从城市中心区到边缘郊区的"小疏解"，人口疏解政策可能会导致居住和公共服务分离、职住分离（陆铭，2020），当教育和医疗等城市公共服务、居住和就业存在空间割裂时，或者说当就业和城市公共服务没有随人口疏解政策及时配套跟进时，被疏解城市自身的经济成本将会逐步增加，例如通勤时间增加、学区房房价上涨等。以城市住房供给为例，当住房供给降低会导致高技能劳动力供给不足，造成劳动力空间错配（Hsieh & Moretti，2019）；城市迁移成本增加和过高的城市间人口流动壁垒还会导致城市规模不经济，降低劳动力配置效率（王丽莉、乔雪，2019），不利于形成城市间人口最优规模（Albouy et al.，2019）。

城市经济发展不仅与内生的产业结构有关，而且与外部经济环境紧密相关。当城市间产业分工明确时，城市发展路径和主导产业结构将趋于单一化，在外部市场变化和不确定冲击情况下，这种单一的经济结构不利于抵御外部不确定冲击，可能降低城市经济增长潜力，比如电子信息产品的生产线经常受产品升级和消费偏好变化的影响，产业链上游芯片等核心技术变化会直接造成供给端经济结构萎缩，同时消费偏好变化也会对供给结构产生刺激，当城市专业化程度较高时，产业多样性缺乏将影响供给结构无法适应市场需求变化。

3. 古城文化保护与城市历史传承

在首都都市圈或其他超大、特大城市进行功能疏解抑或人口疏解时，如何处理好人口疏解与城市文化历史保护传承的关系至关重要。一方面，人口疏解导致城市中心城区呈现人口低密度，且常住人口下降，有利于实施城市古城文化保护，尤其是历史遗迹等；另一方面，人口疏解腾退后的居住和就业空间，也进一步为文化保护、城市街区更新提供了空间。

以法国巴黎为例，巴黎已经拥有1400多年的建都历史，因而巴黎大区，尤其是核心区拥有卢浮宫博物馆、皇室宫殿、巴黎圣母院、埃菲尔铁塔、奥赛美术馆等众多的著名历史文化遗产，从行政区划来看，巴黎市包括20个区，巴黎大区则进一步包括了巴黎周边的上塞纳省（Hautes-de-Seine）、瓦勒德马恩省（Val-de-Marne）和塞纳—圣但尼省（Seine-St-Dennis）以及远郊的伊夫林省（Yvelines）、瓦勒德瓦兹省（Val-d'Oise）、塞纳—马恩省（Saine-et-Marne）和埃松省（Essonne）。法国人口向巴黎大区集中是长期历史演变的结果，形成了"法兰西岛"，如图4-5所示，截至2018年大巴黎区人口共有1291.48万人，巴黎核心城区人口为1013.42万人，大巴黎区占法国人口的比重从2001年以来保持在19.3%左右，2013年有略微下降，但2018年很快回升到19.27%。从人口增长幅度来看，大巴黎区人口增幅从2006年开始下降，从2006年的0.77%逐步下降到2018年的0.27%。从年龄结构来看，如表4-5所示，大巴黎区人口年龄结构较为年轻，其中2015年20—39岁人口占比最高，占比约为28.47%，其次为40—59岁人口，占比约为26.43%，与法国全国平均水平相比，大巴黎区人口结构也较为年轻，10—59岁人口比重为75.23%。

表4-5　　　　　　　大巴黎区人口年龄结构（2015年）

年龄结构	大巴黎区		法国	
	各年龄段人口（人）	占大巴黎区人口比重（%）	各年龄段人口（人）	占法国人口比重（%）
0—19岁	3109770	25.74	16182763	24.45
20—39岁	3439611	28.47	15957082	24.11
40—59岁	3193180	26.43	17654548	26.67
60—74岁	1522713	12.60	10283702	15.54

续表

年龄结构	大巴黎区		法国	
	各年龄段人口（人）	占大巴黎区人口比重（%）	各年龄段人口（人）	占法国人口比重（%）
75 岁及以上	816871	6.76	6112185	9.23
共计	12082145	100	66190280	100

资料来源：法国统计研究所，The National Institute of Statistics and Economic Studies（Institut National de la Statistique et des Études Économiques，INSEE），2018 年 6 月提供的 2015 年数据。

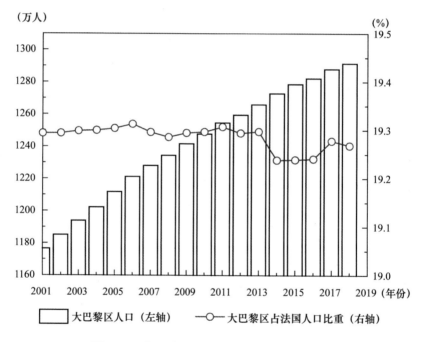

图 4－5　大巴黎区人口变化（2001—2018 年）

资料来源：欧盟统计数据库（Eurostat Database）。

　　在城市人口集聚过程中，尤其是第二次世界大战后非洲移民快速涌入巴黎，巴黎政府在 1970 年逐步改变巴黎持续向四周发展的"摊大饼"模式，开始培育郊区城市，在从中心区疏解人口的同时更加注重巴黎城区内历史文化遗迹的保护工作，在促进旧城复兴的同时有效培育周边新城。

　　首先，根据相关研究（国务院发展研究中心课题组，2016），在城市历史文化遗迹保护方面，在 19 世纪的巴黎城市建设中有近 1/3 中世纪和文艺复兴时期的建筑被拆毁，1913 年法国颁布了第一部《历史遗产保护法》，并在之后的几十年中，巴黎根据新情况的变化对城市改造政策又进行了调整，设立了文化保护区，对历史文化建筑及附属设施进行保护和修葺。1964 年巴黎市议会根据 1962 年颁布的《历史街区保护法》（简称马尔罗法案），建立了马莱保护区（Le Marais），不仅确定了公共和个人在旧城历史文化保护区中的相应权利和义务，而且划出了专门的历史文化保护区，同时还在马莱保护区内编制了《保护与价值重现规划》，并将 176 幢文物建筑和 526 幢建筑物列入保护建筑。此外，对历史文化建筑进行保护还可以收到国家相关政策补贴，对进入历史文化保护名录的老建筑，其中 40% 维修保护的相关费用都可享受国家财政补助。

其次，巴黎通过对历史文化建筑的核心区进行保护"以点带面"来带动整个城市旧城区的历史文化遗产保护，2006 年巴黎颁布了《巴黎地方城市规划》，对保护区之外的城市区域内的规划建筑活动做了详细的规定，到 2006 年巴黎拥有受到保护的历史文化古建筑 3115 幢，巴黎也有两个历史文化保护区，即马莱保护区和第七区保护区。

最后，核心区进一步拆除不符合规划用途的违章建筑，为内城地区人口提供租房补贴，逐步疏解文化保护区人口，以此促进旧城改造平稳推进。与此同时，巴黎在郊区新建新城，设立了副中心城市，不断推进巴黎都市圈由单中心城市（"法兰西岛"）向多中心城市体系发展，例如周边的拉德芳斯新区（La Défense）和巴黎核心区有便捷的公共交通系统，同时推进职住平衡，将拉德芳斯新区由单一的商务中心向商务、居住、娱乐、教学等多功能城市发展，并增加了本区内的住房供给。

4. "以大带小"的政策导向与人口流动的经济规律

尽管在超大、特大城市周边进行新城建设和卫星城布局来形成的"反磁力中心"对人口流动具有吸引作用，但由于城市产业发展与就业岗位差异，人口向城市中心区集聚仍然是客观的经济规律，全球不少都市圈，尤其是首都都市圈，都经历过通过产业转移、公共资源再布局、区域交通路网一体化等基础设施改善措施来引导人口向外流动，这种"以大带小"的政策导向和人口向大城市地区流入的"大国大城"经济规律也存在矛盾。从历史上实施过疏解政策的首都圈来看，人口疏解政策可能短期有效，但从长期来看，劳动力人口向城市中心区集聚的趋势不会改变，例如伦敦和东京。因此，实施大城市疏解政策需要统筹权衡好中心城市发展和周边区域发展的关系，放大集聚的空间效应，带动周边城市及地区的协同发展。

以日本都市圈为例，从历史维度来看，即便考虑第二次世界大战对东京人口的影响，像东京这样的超大城市人口集聚的长期规律依然是存在的。1975 年以来，除 1991—1995 年东京人口短暂下降外，东京 1975 年至今，人口呈现持续增长的趋势，而东京人口占日本全国比重在 1975—2019年经历了先下降后上升的 U 形变化趋势，1996—2019 年东京人口占日本全国比重持续上升，2019 年东京人口占日本比重约为 11.03%，2012—2019年其年均增长 0.1%（见图 4 - 6），这表明筑波等卫星城设置和机构迁移并未降低东京的人口集聚力。从东京城市内人口分布来看，如表 4 - 6 所示，东京主要核心区（23 个特别区）2019 年人口约为 948.66 万人，占东京都总人口 69.46%。从全国流动人口进一步来看，东京、大阪、神奈川等地是日本流动人口的主要流入地，如表 4 - 7 所示，尤其是东京，2019年人口净流入 86575 人，较之 2018 年增加 3801 人，同时东京人口流入和流出规模占日本全国的比重均为首位。

表 4 - 6　　　　　　　　　2019 年东京人口分布

城市及地区		人口（人）	城市及地区		人口（人）
东京都	Tokyo-to	13657685	东村山	Higashimurayama	150789
特别区部	Ku-area	9486618	国分寺	Kokubunji	123689
八王子	Hachioji	562460	国立	Kunitachi	76038
立川	Tachikawa	183822	福生	Fussa	58243
武藏野	Musashino	146399	狛江	Komae	82481
三鹰	Mitaka	187199	东大和	Higashiyamato	85565

续表

城市及地区		人口（人）	城市及地区		人口（人）
青梅	Ome	134086	清濑	Kiyose	74737
府中	Fuchu	260011	东久留米	Higashikurume	116896
昭岛	Akishima	113215	武藏村山	Musashimurayama	72546
调布	Chofu	235169	多摩	Tama	148745
町田	Machida	428685	稻城	Inagi	90585
小金井	Koganei	121443	羽村	Hamura	55607
小平	Kodaira	193596	秋留野	Akiruno	80851
日野	Hino	185393	西东京	Nishitokyo	202817

资料来源：《日本统计年鉴（2020）》，日本总务省统计局：《住民基本台账人口移动报告》。

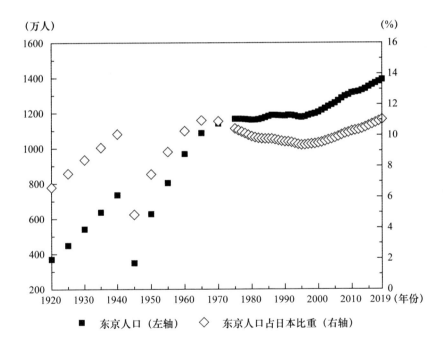

图 4 - 6 日本东京人口变化（1920—2019 年）

注：1920—1975 年数据为每隔 5 年，数据为日本统计局普查数据 "Population Census"。

资料来源：日本统计局（Statistics Bureau of Japan）。

表4-7　　　日本国内部分地区流动人口分布（2018—2019年）

地区	流动人口（人）		流入人口（人）		流出人口（人）		净流入人口（人）	
	2018	2019	2018	2019	2018	2019	2018	2019
日本	2596220	2592186	2293493	2297005	2293493	2297005	—	—
北海道	189206	186902	47269	47737	55222	55467	-7953	-7730
青森	16500	16220	16744	16527	23196	22874	-6452	-6347
秋田	9320	9634	10569	10570	15111	14764	-4542	-4194
栃木	23569	23511	30241	30136	33138	33654	-2897	-3518
埼玉	134788	133979	163433	165369	146397	147406	17036	17963
千叶	114990	114684	146078	146240	129154	129053	16924	17187
东京	389299	391515	423617	427307	340843	340732	82774	86575
神奈川	207919	206633	212423	214726	193557	190875	18866	23851
爱知	184510	187905	111067	110970	108908	110001	2159	969
三重	22702	22537	26419	25345	30644	31596	-4225	-6251
京都	47153	47005	52628	52884	55618	56327	-2990	-3443
大阪	210509	213558	156125	160815	150928	150122	5197	10693
兵库	97394	96866	86414	85647	92502	92907	-6088	-7260
奈良	16851	16307	22498	22198	26524	26045	-4026	-3847
冲绳	44326	44610	25564	26892	26317	26726	-753	166

注：本表中未注明的其余地区均为人口净流出地区，限于篇幅删减。

资料来源：《日本统计年鉴（2020）》，日本总务省统计局：《住民基本台账人口移动报告》。

东京采取了疏解政府机关和科研机构来引导东京人口外流，1958年日本政府首次提出将在东京周边建立卫星城来缓解东京都市圈的人口规模过度膨胀造成的生态压力，筑波市（つくば市）作为科学研究中心是一个很好的案例。筑波市属于1963年日本政府设立的中央直管的国家战略城市，旨在打造科技创新中心和带动疏解东京人口，这对中国当前设立雄安新区具有很强的借鉴意义。筑波市从1968年开始建设，1993年建设基本完成，主要分为多个阶段，但由于土地产权不明晰、公共资源配套建设滞后、迁入机构与迁入地相关性不高、科技园区的就业需求不大、研发产业化滞后等问题，筑波市并不能容纳较大规模的人口，从《日本统计年鉴（2020）》数据来看，截至2019年年底筑波市人口仅为23.38万人，从已有研究总结，主要有几方面原因。

第一，产业发展定位单一，科研机构与产业发展结合不紧密。筑波市的功能定位是研究园区，日本政府通过行政力量推动了科研机构再集聚，却忽略了产业对于吸引和留住人口的关键作用，产业薄弱使筑波市无法构建强大的人口集聚力。筑波市缺少对市场化创新初期的企业的关注，不注重产品商业化和市场化，作为投资代理人的政府并不能及时跟进产业和市场的发展前沿，科学研究与工业界脱节严重，而研发成果的价值与研发人员收益本身也存在脱节，后续筑波市逐步改变了科研传统体制，将发明专利收益纳入科研人员收入工资体系。筑波市在技术研究前沿方面选择高能物理、新材料等领域进行多学科多行业综合研究，缺乏相应支撑的产业和企业，同时研发资助经费主要来源是政府，企业等实体产业化项目的研发投入较少，这造成筑波市的研究产出不能有效支撑入驻企业的发展，对城市人口规模提升效果有限。

第二，产学研机制滞后不能适应新技术的发展趋势，中央政府管理职能和地方政府配套支撑职能存在冲突。首先，筑波市是由日本中央政府管辖和负责的，考虑前期城市基础建设，筑波市产业和研究结构迁入经历了近30年时间，所引入的大多也为中央政府所属科研单位，例如农林水产省、建设省、国土交通省等部位直属的科研机构，这些机构技术研发需要层层审批、立项评估等制度管制，这样无疑拉长了研究成果的应用周期，从筑波市科研机构发展的相关研究来看，其研发和应用周期一般为十年左右，而新技术发展日新月异，十年对新技术研发应用的影响是巨大的。其次，筑波市直属于中央政府，而筑波科学城建设则由日本内阁首相办公室的指挥部唯一领导，这导致筑波科学城往往绕过地方政府直接与中央政府沟通，这导致"央—地"关系紧张，筑波市和地方政府在土地规划等配套支撑方面冲突较多。由于建设周期较长和研究经费投入滞后，尽管实施了筑波科学城计划，日本最好的大学和企业总部仍然集中在东京。

第三，产城融合发展思路与城市配套建设错位。在筑波市建设早期，由于住宅建设和公共交通设施相对不多，教育、医疗、娱乐、休闲配套设施较为欠缺，尽管遵循生态城市规划建设思想，正如前述，产业基础欠缺使城市配套设施建设无法吸引更多的人口前来就业和生活，而人口欠缺也无法同时弥补商业、医院配套成本，又反过来影响了城市配套设施的再规划建设，这种人口流动与城市经济的累积因果关系最终影响更多人口流入。

第四，由于筑波市前述几个方面的不足，交通路网一体化进一步放大了东京周边城市的人口外流效应，促使人口向东京再集聚，这与疏解1990—2000年东京部分政府机构和研究部门到周边卫星城后人口短暂降低又提升的客观现实是吻合的。筑波市也属于东京一小时通勤圈范围，由于筑波市距离东京空间距离并不远，随着交通设施的完善，进一步阻碍了人口流出东京，筑波市很多研究人员不愿意居住在筑波本地，其小孩的家庭教育仍然留在东京。同时，由于筑波市民营企业较少，多为政府研究机构，这也降低了对市场企业就业人员的吸引力。另外，随着东京市内交通设施逐步增强，城市管理水平逐步提高，城市拥挤效应等"大城市病"也大幅度减轻，东京的人口承载力也进一步提高。

五 中国超大、特大城市内流动
人口的劳动力特征

随着中国人口流动日趋频繁，人口逐步向大城市流入，形成了一些超大、特大的城市。人口大规模持续流入对大城市的管理水平提出了更高的要求，也对城市宜居水平、教育和医疗等公共服务供给、城市综合承载力（自然和经济）提出了新的挑战。另外，为促进城乡和区域的协调发展、避免区域发展过度分化，目前中国部分超大城市也通过以疏解城市功能来实现人口规模控制和劳动力结构优化。究其关键，无论是引导人口空间均衡流动，还是优化大城市劳动力供给结构，准确把握大城市中流动人口的劳动力典型特征是关键，尤其是对于超大和特大城市而言，因而有必要全面回顾和准确识别新时期超大、特大城市流动人口的劳动力市场特征。

（一） 数据选择和相关变量说明

已有研究表明，大城市内劳动力市场的"空间摩擦"相对较小，即就业求职摩擦效应较小（Schmutz & Sidibé，2014）。对美国大都市区劳动力市场而言，大城市劳动力市场中经济效率显著较高（Franklin et al.，2002）。对中国而言，基于上海市劳动力市场调查数据，大城市的外地和本地劳动力存在二元结构（严善平，2007），但城市劳动力市场逐步由二元结构向一体化结构发展，外来劳动力和本地劳动力收入差异也在逐步缩小，但仍存在择业机会和社会保障等制度歧视（严善平，2011）。李实和吴彬彬（2020）基于中国流动人口监测调查（CMDS）、中国家庭收入调查（CHIP）和中国家庭追踪调查（CFPS）三套数据库进一步分析表明，尽管户籍分割、收入户籍歧视程度逐步降低，但社会保障歧视的确存在，研究建议提高在城市就业的农民工的社会保障均等化和覆盖范围。在大城市的流动人口劳动力市场，农民工就业更多地依赖于社会关系网络和"自我雇佣"形式，相关研究表明其就业稳定性和工作满意度仍不高，尤其是青年外来人口，其多处于一般劳动力市场，大多都存在由社会安全感较低、心理不平等、劳动力市场二元结构引起的收入瓶颈等问题（胡小武、沈阅微，2021），这使得大城市流动人口无法获得全部"厚劳动力市场优势"（刘超等，2020）。

对超大、特大城市而言，据笔者估算，截至 2018 年年底我国已形成了至少 8 个超大城市和 12 个特大城市、25 个Ⅰ型大城市、118 个Ⅱ型大城市[①]，且伴随着人口流动规模扩大、大城市数目增多的趋势。2018 年我国流动人口为 2.41 亿人，据笔者估算，这 20 个特大和超大城市承载了中国国内总流动人口的 23.57%，其中，除重庆外，上海、北京、天津、广州、深圳、成都 6 个超大城市分别吸纳了 959.05 万、786.45 万、476.24 万、542.14 万、822.74 万、142.74 万流动人口（邓仲良、张可云，2021）。较之 2010 年第六次全国人口普查，2020 年第七次全国人口普查数据表明，中国超大和特大城市人口规模增幅较大，呈现出人口向区域性中心大城市集中的趋势，上海、北京和广州常住人口分别增长 8.04%、11.63%、47.04%；除沿海地区外，中西部区域性中心城市人口集聚趋势更加明显，西安、成都、郑州、武汉的常住人口分别增长 52.97%、49.05%、46.06%、25.97%。

---

① 截至 2021 年 7 月，限于目前各省市的"七普"公报并未公布地级市层面的流动人口数和城区常住人口数，本书依靠 2018 年城市层面数据进行说明。依据《国务院关于调整城市规模划分标准的通知》（国发〔2014〕51 号），本书测算出 2018 年我国 20 个特大与超大城市分别是上海、北京、天津、广州、深圳、武汉、重庆、成都、西安、东莞、南京、杭州、佛山、汕头、沈阳、青岛、济南、郑州、苏州、哈尔滨，其中上海、北京、天津、广州、深圳、重庆、成都、武汉是超大城市。

为更好地识别流动人口所在城市信息，本书依据城市类型标准①，对不同人口规模的城市类型进行划分，根据城区常住人口的测算结果，本书选取的超大、特大城市有重庆、上海、北京、成都、广州、深圳、天津、西安、苏州、郑州、武汉、杭州，如表5-1所示。

考虑统计口径变化及CMDS数据，本书选取2011—2018年城市数据和流动人口微观个体数据，并将二者依据国家统计局"全国统计用区划和城乡划分代码"进行匹配。限于篇幅，本书仅列出部分流动人口指标统计性描述，详见表5-2。需要指出的是，本书相关指标的比重是相对于城市流动人口抽样总数而言的。

表5-1 中国部分超大、特大城市的城市常住人口数（2010年、2020年）

城市	2010 "六普" （万人）	2020 "七普" （万人）	变化 （%）	城市	2010 "六普" （万人）	2020 "七普" （万人）	变化 （%）
重庆	2884.62	3205.42	11.12	天津	1293.87	1386.60	7.17
上海	2301.92	2487.09	8.04	西安	846.78	1295.29	52.97
北京	1961.24	2189.31	11.63	苏州	1045.99	1274.83	21.88
成都	1404.76	2093.78	49.05	郑州	862.71	1260.06	46.06
广州	1270.19	1867.66	47.04	武汉	978.54	1232.65	25.97
深圳	1035.84	1756.01	69.53	杭州	870.04	1193.60	37.19

注：依据《国务院关于调整城市规模划分标准的通知》（国发〔2014〕51号），城市规模是以城区常住人口规模来进行判定的，本表是依据城区常住人口划分好城市类型，而后再据此统计2010年和2020年城市常住人口数。常住人口变化幅度为2020年第七次全国人口普查数相对于2010年第六次全国人口普查数的变化。

资料来源：笔者根据各省市公布的"六普"和"七普"公报数据整理计算得出。

---

① 参见《国务院关于调整城市规模划分标准的通知》（国发〔2014〕51号），2014年11月20日。

表 5 - 2　　　　　　超大、特大城市流动人口部分指标统计性描述

变量名称	最大值 *max*	最小值 *min*	平均值 *mean*	标准差 *sd*	变异系数 *cv*	样本数 *N*
年龄（岁）	96.000	15.000	34.848	10.283	0.295	521810
性别	1	0	0.526	0.499	0.950	521811
户口类型	1	0	0.813	0.390	0.479	521810
婚姻状态	1	0	0.801	0.399	0.498	521811
受教育年限（年）	12.519	5.813	10.272	0.943	0.092	521810
城市层面个人 月平均收入（元）	11379.550	900.000	4113.845	1247.249	0.303	521770

注：1. 流动人口样本收入也有负值，负值代表经营亏损，本表中收入水平为城市抽样样本平均值。

2. 对样本个体性别而言，如为男性，则为1；如为女性，则为0。对户口类型而言，如为农村户口，则为1；如为城市户口，则为0。对婚姻状态如为已婚，则为1；如为未婚，则为0。

资料来源：笔者根据 CMDS 数据计算整理得出，考虑与地级市及以上城市数据的匹配性，本书剔除了部分地区个体样本数据。

（二）超大、特大城市中流动人口的家庭特征

流动人口家庭特征不仅能够体现流动人口的流动模式，也能反映年龄结构等个体变化情况。家庭式流动也反映了流动个体对迁入城市收益与成本的再选择意愿。

1. 家庭规模及平均年龄

从流动人口家庭规模变化情况来看，中国整体流动人口家庭规模从2011—2018 年经历了先上升后下降的倒"U"形变化趋势，2011 年全国平均流动人口家庭规模为 2.467 人，2015 年为 2.583 人，其后逐年下降，2018 年为 2.464 人。对不同人口规模城市而言，2011—2018 年流动人口家庭规模的这种变化趋势也同样存在，如表 5 - 3 所示，且大城市内流动人口的家庭规模小于中小城市内流动人口的家庭规模，2011 年超大城市和特大城市流动人口的家庭规模分别为 2.419 人、2.147 人，中小城市为 2.528 人，Ⅰ型大城

市和Ⅱ型大城市分别为 2.388 人、2.554 人。2018 年超大、特大城市流动人口家庭规模分别为 2.330 人和 2.336 人，也都小于中小城市（2.568 人）和大城市（Ⅰ型大城市为 2.483 人、Ⅱ型大城市为 2.558 人），这表明城市规模越大的城市，其流动人口的家庭规模越小。

表 5 – 3　　　　　中国流动人口家庭规模（2011—2018 年）　　　　单位：人

年份	全国城市层面	超大城市	特大城市	大城市		中小城市
				Ⅰ型大城市	Ⅱ型大城市	
2011	2.467	2.419	2.147	2.388	2.554	2.528
2012	2.518	2.467	2.277	2.533	2.623	2.556
2013	2.502	2.440	2.290	2.566	2.552	2.598
2014	2.529	2.470	2.271	2.571	2.585	2.639
2015	2.583	2.540	2.380	2.570	2.625	2.669
2016	2.558	2.450	2.406	2.591	2.623	2.658
2017	2.553	2.459	2.408	2.567	2.668	2.657
2018	2.464	2.330	2.336	2.483	2.558	2.568

注：为保持数据统一性，本书剔除了部分城市样本，故与相关年份《中国流动人口发展报告》的相关数值存在差异，特此说明，后续不再赘述。CMDS 数据所涉及城市范围详见相关问卷调查说明。

资料来源：笔者根据国家卫生健康委提供的中国流动人口动态监测调查（China Migrants Dynamic Survey，简称 CMDS）数据计算得出。

从流动人口家庭平均年龄来看，无论是超大、特大城市，还是中小城市，流动人口家庭平均年龄都逐年上升，这在超大城市和中小城市增幅尤为明显，二者在 2018 年较之 2011 年分别增加 56.01%、56.70%，而特大城市、Ⅰ型大城市、Ⅱ型大城市分别增加了 41.99%、45.33%、53.97%。这表明在超大城市和中小城市的流动人口老龄化趋势最为显著，但需要注意的是，中小城市大多为人口外流城市，其人口流动类型主要为市内跨县流动，与超大城市内流动人口多为跨省流动存在区别。其中，超大城市流动人口家庭平均年龄最大，为 46.501 岁，大于全国平均水平（44.055岁），较之其他类型城市，特大城市和Ⅰ型大城市集聚了更多的年轻劳动力，其家庭平均年龄分别为 41. 106 岁、41. 498 岁。进一步地，超大城市与特大城市、Ⅰ型大城市和Ⅱ型大城市的家庭平均年龄差也在逐步增大。以超大城市与Ⅰ型大城市对比为例，2011 年二者差距为 1. 252 岁，截至 2018 年二者差距增至 5. 003 岁，具体如表 5 - 4 所示。

表 5 - 4　　　　　　　　流动人口家庭平均年龄　　　　　　　　单位：岁

年份	全国层面	超大城市	特大城市	Ⅰ型大城市	Ⅱ型大城市	中小城市
2011	29. 071	29. 806	28. 950	28. 554	28. 461	29. 477
2012	35. 550	36. 779	33. 690	33. 905	34. 826	36. 945
2013	34. 623	35. 408	33. 295	33. 261	34. 489	36. 034
2014	35. 833	36. 583	33. 895	33. 910	36. 652	37. 226
2015	37. 798	39. 324	35. 817	35. 137	38. 171	39. 501
2016	39. 867	42. 827	36. 722	36. 731	39. 967	41. 440
2017	42. 221	44. 889	39. 158	39. 655	41. 450	44. 499
2018	44. 055	46. 501	41. 106	41. 498	43. 821	46. 191

注：流动人口的家庭平均年龄为家庭成员样本的年龄加总除以家庭规模，本表值为城市层面均值。

2. 家庭收入与支出

从流动人口家庭收入和支出情况来看，2011—2018 年流动人口家庭收入和支出的比值在 1. 75—2. 15 范围内，其中，超大城市流动人口的家庭收入支出比在 2011—2015 年先上升后下降，而在 2016—2018 年则先下降而后又上升，特大城市流动人口的家庭收入支出比情况基本类似。对中小城市而言，流动人口收入比重 2011—2018 年呈现持续下降趋势，这进一步表明了大城市流动人口收入溢价效应大于中小城市内流动人口收入溢价效应。

从居住成本进一步分析，以家庭房租和房贷支出占家庭总支出的比重来看，除 2012 年居住成本占支出的比重存在较大幅度下降外，中小城市内流动人口房租或房贷占家庭支出的比重都存在下降趋势，且中小城市中居住成本占家庭总支出的比重最小，降低幅度最大；而同期超大城市和特大城市的流动人口居住支出占家庭支出的比值却稳步上升，二者水平基本持平。从城市平均租房成本来看，城市规模越大，其平均租房成本越高，

2018 年超大和特大城市内流动人口的平均租房成本为 1161.99 元/月、1007.95 元/月，2018 年中小城市内流动人口的平均租房成本为 609.65 元/月。从 2011—2018 年不同规模城市平均房租与全国平均水平相比来看，如图 5－1 所示，超大城市和特大城市租房成本都高于全国平均水平，2018 年超大城市为全国平均水平的 1.28 倍，特大城市为 1.11 倍，而中小城市为全国平均水平的 67.32%①。此外，如图 5－2 所示，通过不同规模城市的房租的全国相对水平进一步可以看出，2011—2018 年超大、特大城市的房租相对成本基本保持不变，而中小城市房租相对水平却持续下降，且由 2011 年与全国基本持平下降至 2018 年全国平均水平的 67.3%。

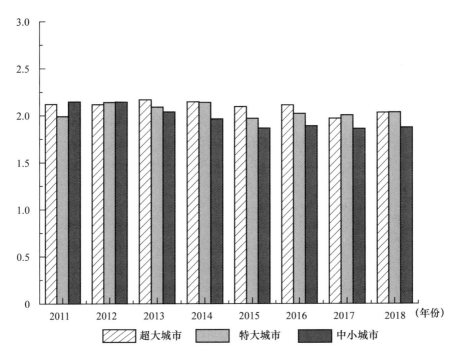

图 5－1　不同规模城市的流动人口家庭收入与支出比值

资料来源：笔者根据 2011—2018 年 CMDS 数据计算得出。

---

① 资料来源：笔者根据 2011—2018 年 CMDS 数据计算得出，限于篇幅省略。

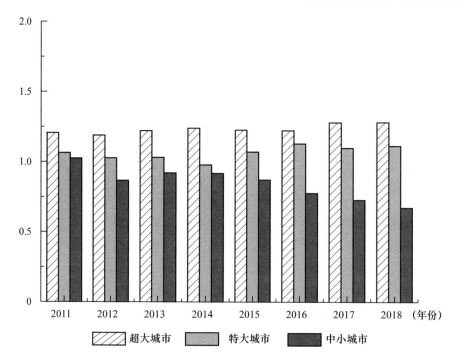

图 5－2   不同人口规模城市的平均房租与全国平均水平比值

资料来源：笔者根据 2011—2018 年 CMDS 数据计算得出。

（三）超大、特大城市中流动人口个体特征

在理解超大、特大城市流动人口家庭特征的基础上，准确把握流动人口个体的劳动力特征尤为重要。

1. 婚姻、性别、户籍、受教育水平

从 CMDS 数据样本来看，流动人口已婚程度较高，且呈现总体逐年增加的趋势，并未体现出显著的城市差异。如表 5－5 所示，超大城市、Ⅱ型大城市和中小城市的已婚流动人口比重大于全国平均水平，其余类型城市已婚流动人口比重都小于全国平均水平，其中，在不同城市规模、城市类别下，特大城市中已婚流动人口比重最低，2018 年为 0.796，低于同期

全国平均水平（0.847），Ⅰ型大城市已婚流动人口略低于全国平均水平，2018 年其值为 0.830。

表 5 - 5 流动人口中已婚样本比重

年份	全国城市层面	超大城市	特大城市	Ⅰ型大城市	Ⅱ型大城市	中小城市
2011	0.789	0.812	0.728	0.750	0.805	0.799
2012	0.780	0.796	0.736	0.754	0.791	0.786
2013	0.781	0.788	0.716	0.784	0.783	0.809
2014	0.782	0.795	0.701	0.782	0.798	0.799
2015	0.815	0.827	0.752	0.809	0.824	0.835
2016	0.837	0.853	0.800	0.828	0.840	0.846
2017	0.848	0.852	0.803	0.838	0.866	0.867
2018	0.847	0.855	0.796	0.830	0.866	0.873

注：对样本个体婚姻状况，除未婚外，其余类别都归于已婚，本表值为城市层面均值。

资料来源：笔者根据 2011—2018 年 CMDS 数据整理计算得出。

从流动人口性别比来看，流动人口的性别在不同规模城市类型间也存在略微差异，但都在 50％ 左右，在统计样本调查数据上保证了男女流动人口的样本数量基本一致，限于篇幅相关计算图表未列出。总体来看，中小城市流动人口男性比例略高，超大、特大城市和Ⅰ型、Ⅱ型大城市内流动人口性别比基本持平。从城乡户籍情况进一步来看，流动人口中"城—乡"流动比例仍占主导，但 2011—2018 年"城—乡"流动人口比重呈现逐步下降趋势，而"城—城"流动人口比重逐年上升。"城—乡"流动人口比重由 2011 年的 0.848 下降至 2018 年的 0.822。对不同规模的城市类型而言，特大城市吸纳农业转移人口就业的占比最高，2018 年为 0.862，大于超大城市（0.773），Ⅰ型大城市和Ⅱ型大城市与中小城市吸纳农业转移人口比重居于其次；超大城市更多地吸纳了城市间流动人口，且这种趋势还在增强。具体如表 5 - 6 所示。

表 5 - 6　　　　　　　不同规模城市流动人口户籍变化情况

年份	全国层面	超大城市	特大城市	I 型大城市	II 型大城市	中小城市
2011	0.848	0.809	0.853	0.879	0.860	0.851
2012	0.844	0.802	0.868	0.879	0.856	0.862
2013	0.856	0.807	0.873	0.879	0.868	0.866
2014	0.851	0.800	0.875	0.868	0.866	0.865
2015	0.848	0.791	0.867	0.874	0.862	0.865
2016	0.831	0.771	0.852	0.857	0.852	0.852
2017	0.827	0.782	0.832	0.859	0.839	0.848
2018	0.822	0.773	0.862	0.839	0.834	0.839

注：为更好地全面识别流动人口的户籍特征，本书流动人口中农村户籍包括两类，即农村居民户口和农转非的居民，农村户籍人口为 1，其余为 0，本表值为城市层面均值。

大城市集聚了不同技能水平的劳动力（Eeckhout et al.，2014），技能水平主要取决于受教育水平，从 CMDS 数据计算情况来看，2011—2018 年流动人口的受教育年限逐步增加，已由 2011 年的 9.552 年增加至 2018 年的 10.320 年。

从不同规模城市来看，超大城市、特大城市和 I 型大城市的流动人口受教育年限都高于全国平均水平，其中超大城市和特大城市流动人口的受教育水平最高，2018 年二者分别为 10.574 年和 10.645 年。I 型大城市内流动人口受教育年限略高于全国平均水平，II 型大城市和中小城市内流动人口受教育年限都低于全国平均水平。从不同受教育水平来看，2011—2018 年 CMDS 数据测算表明，城市规模越大，流动人口样本总体受教育水平越高。其中，超大城市集聚大学本科和专科的流动人口比重最高，逐步由 2011 年的 0.096 增加至 2018 年的 0.220；其次为特大城市，但特大城市吸纳大学本科和专科的流动人口的增速明显，2011 年仅为 0.082，2018 年为 0.208。特大城市吸纳高中和中专的流动人口比重最高，2011—2018 年基本稳定在 0.233—0.264。中小城市吸纳小学和初中流动人口水平最高，但呈现持续下降趋势，已由 2011 年的 0.749 下降至 2018 年的 0.651，具体可参见表5 - 7和图 5 - 3。

年份	全国层面	超大城市	特大城市	Ⅰ型大城市	Ⅱ型大城市	中小城市
2011	9.552	9.606	9.842	9.634	9.599	9.185
2012	9.997	10.161	10.222	10.054	9.970	9.496
2013	10.073	10.242	10.343	10.087	10.020	9.731
2014	9.980	10.168	10.273	9.981	9.902	9.590
2015	9.905	10.070	10.191	10.050	9.775	9.504
2016	10.172	10.416	10.694	10.194	9.995	9.545
2017	10.132	10.401	10.576	10.165	9.958	9.423
2018	10.320	10.574	10.645	10.361	10.160	9.620

表5-7　　　　　　　不同规模城市流动人口受教育水平平均年限　　　　单位：年

注：受教育水平采用受教育年限（年）来界定，小学为6年，初中为9年，高中为12年，大学本科为16年，硕士研究生为19年，博士研究生为22年。

资料来源：笔者根据2011—2018年CMDS数据计算得出。

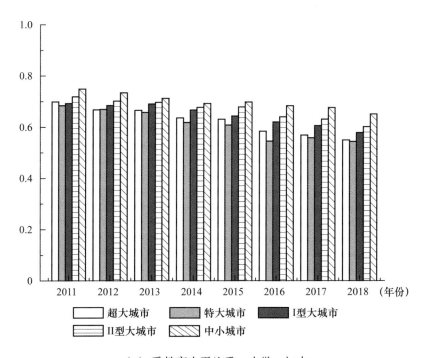

（a）受教育水平比重：小学—初中

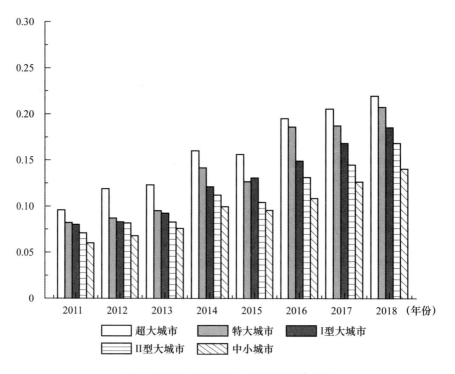

（b）受教育水平比重：大学本科和专科

图5-3　不同规模城市内流动人口受教育水平

资料来源：笔者根据CMDS数据计算得出。

2. 流动模式、流动原因和留居意愿

流动人口个体层面的流动动机和城市留居意愿都存在显著差异，推进农业转移人口市民化应该顺应人口流动规律。

利用国家卫生健康委2011—2018年CMDS数据测算表明，超大城市流动人口以跨省流动为主，特大城市以跨省流动和省内跨市二者并重，超大、特大城市的市内跨县比重较低。从时间维度进一步分析表明，总体而言，2011年以来超大城市中跨省流动的人口比重经历了先上升后下降的变化趋势，从2011年的0.71上升至2013年的0.76，其后逐步下降；2018年超大城市跨省流动人口比重为0.70，与2011年基本持平；2011年后超大城市省内跨市比重逐步提升，由 2011 年的 0.17 上升至 2018 年的 0.23。对特大城市而言，其跨省人口比重也经历了类似超大城市的倒"U"形变化，开始逐步由 2011 年的 0.51 上升至 2013 年的 0.60，之后逐步下降至 2018 年的 0.49，其省内跨市流动人口比重也是逐步提升的。超大与特大城市呈现的人口流动模式变化并不在中小城市存在，中小城市跨省、省内跨市和市内跨县迁移模式相差不大，如表 5 - 8 所示。

城乡工资差异是人口流动的主要动因，这种就业工资差异主要体现为外出工作（务工）和经商，本书利用 CMDS 数据进一步测算表明，2011—2018 年全国层面流动人口中务工和经商的比重正在回落，2011 年务工和经商流动人口比重为 0.852，其后逐步上升，2014 年为峰值，为 0.979，2015 年以后逐步下降，2018 年为 0.850，基本与 2011 年持平。从表 5 - 9 进一步可知，超大城市和特大城市内务工和经商的流动人口比重变化趋势和全国平均水平基本一致，且大于中小城市。但特大城市内流动人口务工和经商的比重大于超大城市和一般大城市，2011 年为 0.910，大于超大城市（0.841），也大于 I 型大城市（0.868）和 II 型大城市（0.843）。

表 5 - 8　　　　　　　　不同规模城市中人口流动模式对比

年份	超大城市			特大城市			中小城市		
	1 跨省	2 省内跨市	3 市内跨县	1 跨省	2 省内跨市	3 市内跨县	1 跨省	2 省内跨市	3 市内跨县
2011	0.71	0.17	0.12	0.51	0.40	0.09	0.39	0.29	0.32
2012	0.79	0.12	0.09	0.57	0.36	0.07	0.42	0.27	0.31
2013	0.76	0.11	0.13	0.60	0.34	0.05	0.38	0.30	0.32
2014	0.74	0.13	0.13	0.56	0.38	0.05	0.36	0.31	0.33
2015	0.73	0.13	0.13	0.49	0.45	0.06	0.37	0.30	0.34
2016	0.70	0.24	0.06	0.48	0.46	0.06	0.36	0.30	0.34
2017	0.69	0.25	0.07	0.46	0.45	0.09	0.36	0.29	0.35
2018	0.70	0.23	0.07	0.49	0.45	0.06	0.37	0.28	0.35

注：指标比重都是相对于各城市抽样人口数而言。

资料来源：笔者根据 CMDS 数据计算得出。

表5-9　　　　　　　　不同规模城市中务工/经商流动人口比重

年份	全国层面	超大城市	特大城市	Ⅰ型大城市	Ⅱ型大城市	中小城市
2011	0.852	0.859	0.903	0.875	0.833	0.823
2012	0.843	0.840	0.894	0.857	0.829	0.820
2013	0.965	0.955	0.977	0.973	0.966	0.960
2014	0.979	0.974	0.993	0.985	0.978	0.970
2015	0.962	0.950	0.977	0.975	0.962	0.954
2016	0.838	0.835	0.882	0.863	0.817	0.806
2017	0.838	0.828	0.889	0.865	0.821	0.800
2018	0.850	0.841	0.910	0.868	0.843	0.793

注：指标比重都是相对于各城市抽样人口数而言。

资料来源：笔者根据 CMDS 数据计算得出。

　　流动人口家庭迁移的比重也在上升，同时流动人口流动时间和年龄逐步增大，其照顾老人和小孩的需求也日益增大。2016—2018 年 CMDS 数据研究表明，超大和特大城市中照顾老人和小孩的比重小于中小城市，超大城市流动人口对随迁老人的照顾比重逐步上升，由 2016 年的 8% 上升至 2018 年的 9%；特大城市中流动人口对老人的照顾比重略微下降，约为 7%，而对小孩的照顾比重先上升后下降。另外，流动人口对随迁小孩的照顾比重大于对随迁老人的照顾比重，如图 5-4 所示。

　　从城市流动人口的留居意愿来看，2011 年以来流动人口的城市留居意愿呈先上升后下降的变化趋势，但总体而言，城市规模越大的城市，其流动人口的留居意愿越强烈。首先，2014—2016 年超大城市和Ⅰ型大城市内流动人口的留居意愿更高，2016 年超大城市的留居意愿为 0.625，特大城市为 0.598，而中小城市仅为 0.579。相关研究也表明，受教育程度和收入水平越高，其留居意愿也越高（国家卫生健康委员会，2018），其次，全国层面流动人口的留居意愿在 2016 年最高，为 0.607，2017 年下降至 0.389。2017 年流动人口的留居意愿存在分化，流动人口留居意愿与城市规模的正相关性更加明显。

　　从流动人口的户籍差异来看，本书利用 CMDS 数据进一步测算的结果表明，较之农村户籍流动人口，城市户籍流动人口更倾向于在流入地城市

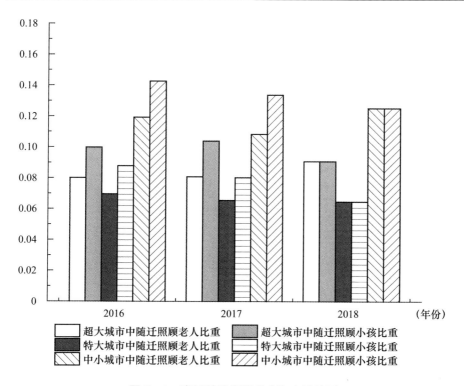

图 5 - 4　家属随迁照顾老人和小孩比重

注：CMDS 数据中对随迁人口中照顾老人和小孩的相关数据仅 2016—2018 有。

资料来源：笔者根据 CMDS 数据计算得出。

落户，如图 5 -5 所示，对不同城市规模而言，超大城市内城市间流动人口留居意愿最高，大于特大城市和中小城市，也大于其农村户籍人口留居比例，但其留居意愿相对比重在 2017 年有较大幅度下降。从户籍差异来看，已有研究表明农村土地性质及所有权会影响农业转移人口城镇化（周文等，2017），本书研究表明农村户籍流动人口对不同规模城市的留居意愿也显著小于城市户籍流动人口，这表明由于农村户籍涉及了农村土地收益，农业转移人口"人—地"属性还存在分离，当"城乡要素平等交换、双向流动的制度性通道"尚未有效建立前，未来城镇化过程中"城—城"异地城镇化进度将大于户籍城镇化进程。

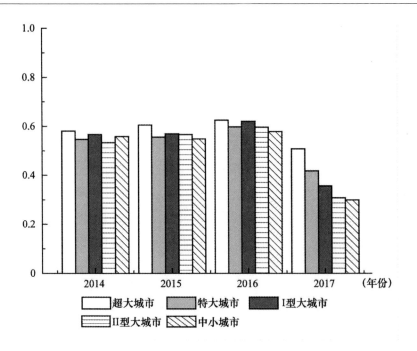

图 5 - 5　不同规模城市流动人口的留居意愿

（四）超大、特大城市中流动人口就业特征

超大、特大城市具有"厚劳动力市场"特征，但由于流动个体样本的技能水平存在差异，其收入、就业单位和产业类别也不同（见图 5 - 6 至图 5 - 10）。

1. 产业类别

2011—2018 年 CMDS 数据测算表明，流动人口从事服务业的比重大于从事工业，如表 5 - 10 所示，其中，特大城市流动人口从事服务业比重最高，2018 年为 0. 811，Ⅰ型大城市和Ⅱ型大城市流动人口从事服务业的比重也是逐年提高的，二者分别由 2011 年的 0. 686、0. 711 提高至 2018 年

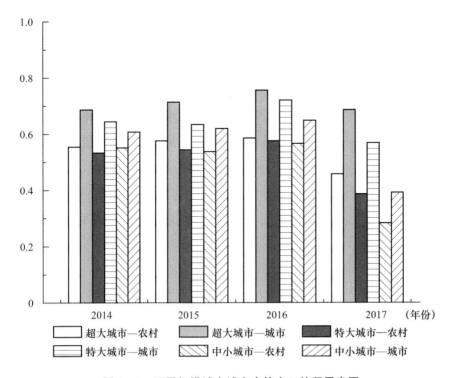

图 5-6　不同规模城市城乡户籍人口的留居意愿

注：2018 年 CMDS 数据没有留居意愿的问题。

资料来源：笔者根据 CMDS 数据计算得出。

的 0.738、0.742，其显著大于中小城市。从服务业细分类别来看①，流动人口从事消费性服务业比重最大，其次为基础性服务业，从事生产性服务业比重最小。从不同城市类别进一步来看，超大城市中流动人口从事消费性服务业比例最小，特大城市、Ⅱ型大城市和中小城市中流动人口从事消费性服务业比例较大。超大城市中流动人口从事生产性服务业和基础性服务业的占比最大，中小城市内流动人口生产性服务业比重最小，其从事接班服务业占比与特大城市、Ⅰ型大城市和Ⅱ型大城市相差不大。

① 注：根据 CMDS 问卷内容，生产线服务业为金融业，房地产业，交通运输、仓储和邮政业，科学研究和技术服务业；消费性服务业为批发和零售业，住宿和餐饮业；基础性服务业为卫生和社会工作，文化、体育和娱乐业，教育，公共管理、社会保障和社会组织。

表 5 - 10　　　　　　不同规模城市中流动人口从事服务业比重

年份	超大城市	特大城市	Ⅰ型大城市	Ⅱ型大城市	中小城市
2011	0.698	0.670	0.686	0.711	0.756
2012	0.712	0.638	0.734	0.694	0.744
2013	0.713	0.634	0.725	0.704	0.758
2014	0.733	0.669	0.732	0.708	0.764
2015	0.758	0.724	0.728	0.721	0.784
2016	0.772	0.764	0.751	0.749	0.796
2017	0.780	0.751	0.768	0.758	0.767
2018	0.705	0.811	0.738	0.742	0.666

资料来源：笔者根据 2011—2018 年 CMDS 数据计算得出。

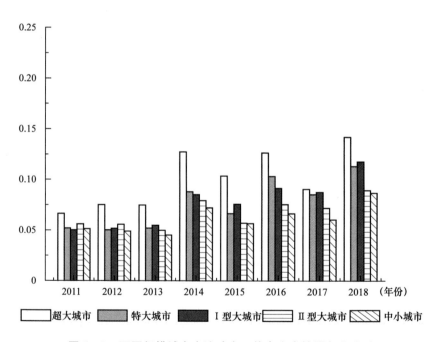

图 5 - 7　不同规模城市中流动人口从事生产性服务业比重

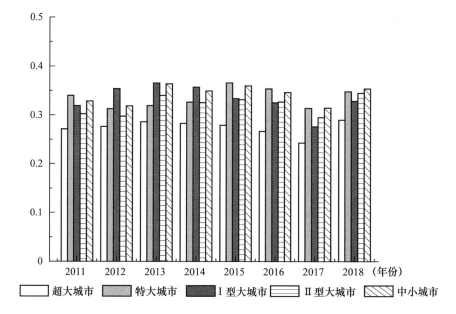

图 5-8　不同规模城市中流动人口从事消费性服务业比重

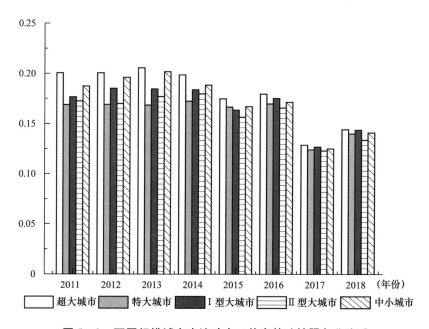

图 5-9　不同规模城市中流动人口从事基础性服务业比重

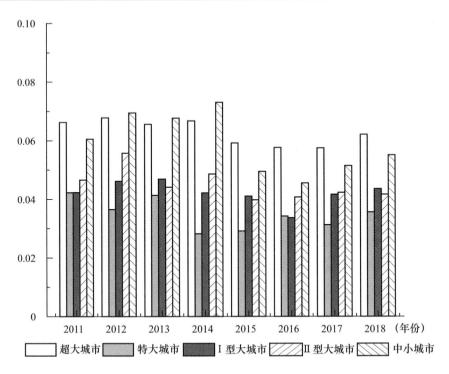

图 5 - 10　不同规模城市中流动人口就业比重：国有及国有控股企业

资料来源：笔者根据 2011—2018 年 CMDS 数据计算得出。

2. 就业单位

从流动人口就业单位类别来看，根据本书对 2011—2018 年 CMDS 数据的测算，首先，流动人口大多在股份制企业、民营企业以及民办组织就业，如图 5 - 11、图 5 - 12 所示，2011—2018 年流动人口在不同规模城市的这些企业中，其就业比重呈现略微下降趋势，超大和特大城市内流动人口在股份和民营企业就业占比已由 2011 年的 0. 613、0. 694 分别下降至 2018 年的 0. 598 和 0. 672。其次，流动人口在国有和国有控股企业的就业比重呈现两极分化，其在超大城市和中小城市中就业比重较大。最后，流动人口在外商、港澳台和外资企业的就业比重呈现较大差异性，其在特大城市中外资企业的就业比重最大，如图 5 - 12 所示。

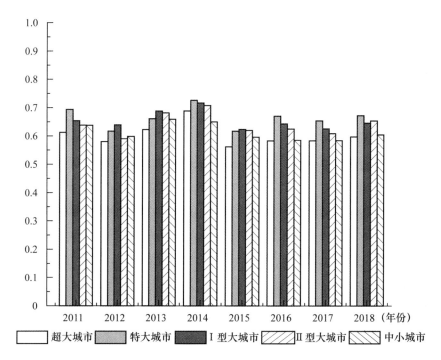

图 5-11　不同规模城市中流动人口就业比重：股份制企业、民营企业以及民办组织

3. 工资收入与社会保障

就业工资收入和公共服务的差异是引起人口流动的主要原因，尤其体现在不同规模城市和城乡中。对工资收入水平而言，本书利用 CMDS 数据对流动个体样本的每月工资水平进行整理，并依据其所在城市样本数进行平均，并对不同城市规模的流动人口收入水平进行分别计算，如表 5-11 所示。

第一，流动人口名义工资呈现逐年增加趋势。无论从全国层面来看，还是对不同规模城市，流动人口名义工资增加趋势是相同的。

第二，超大城市中流动人口的名义工资水平高于全国平均水平。从 2016 年开始，特大城市中流动人口名义工资水平也高于全国平均水平，而且超大、特大城市名义工资与全国平均水平的差距也在逐步增大，2011 年超大城市中流动人口就业名义工资高于全国平均水平（266.94 元/月），

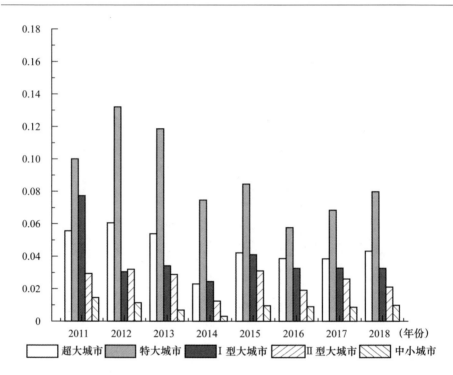

图 5 - 12　不同规模城市中流动人口就业比重：外商、港澳台和外资企业

资料来源：笔者根据 2011—2018 年 CMDS 数据计算得出。

截至 2018 年已高于同期全国平均水平（716.84 元/月）；而中小城市与全国名义月工资水平的差距也在增大，2011 年仅差 58.25 元/月，截至 2018 年，中小城市与全国名义工资差距逐步增加至 577.67 元/月。

第三，从流动人口户籍条件来看，如表 5 - 12 所示，在超大和特大城市"城—城"流动人口的名义工资溢价大于"城—乡"流动人口，其中超大城市的名义工资溢价增量大于特大城市。2011 年超大城市中"城—城"流动人口名义工资比"城—乡"流动人口高 1167.93 元/月，户籍差异下特大城市中流动人口工资溢价差为 396.83 元/月，截至 2018 年超大城市中城乡户籍流动人口名义月工资差距增至 2707.57 元/月，而特大城市中城乡户籍流动人口的名义工资差距也增加至 826.75 元/月。

表 5 - 11　　　　不同城市规模流动人口样本平均每月名义工资　　　单位：元

年份	全国层面	超大城市	特大城市	Ⅰ型大城市	Ⅱ型大城市	中小城市
2011	2303.99	2570.93	2210.16	2217.31	2180.57	2245.74
2012	3135.52	3458.20	2981.50	2949.66	2871.76	3142.74
2013	3224.20	3483.97	3238.78	3118.09	3072.10	3211.37
2014	3747.83	4187.03	3733.05	3606.02	3538.19	3600.78
2015	4090.77	4823.52	3951.15	3932.68	3757.06	3835.13
2016	4033.57	4606.45	4217.59	3960.34	3694.89	3482.18
2017	4323.22	4976.77	4374.17	4218.93	3916.00	3793.56
2018	4885.42	5602.26	4908.87	4725.44	4437.40	4307.75

注：数据为当年价。

资料来源：笔者根据 2011—2018 年 CMDS 数据整理计算得出。

表 5 - 12　　　超大、特大城市不同户籍流动人口平均每月名义工资　　　单位：元

年份	超大城市		特大城市	
	农村户籍	城市户籍	农村户籍	城市户籍
2011	2385.50	3553.43	2183.30	2580.13
2012	3173.75	4559.42	2890.89	3561.25
2013	3267.99	4393.13	3160.48	3714.33
2014	3841.67	5579.94	3579.04	4778.07
2015	4391.39	6539.79	3857.18	4592.87
2016	4148.15	6325.87	4129.53	4832.05
2017	4479.96	7036.71	4327.79	4752.18
2018	5077.58	7785.15	4809.12	5635.88

资料来源：笔者根据 2011—2018 年 CMDS 数据整理计算得出。

对社会保障而言，以医疗保险为例，本书利用 CMDS 数据进一步测算，如图 5 - 13 所示，2011—2018 年全国层面的流动人口缴纳社会医疗保险的比重并不高，2015 年后其比重进一步降低。2014 年流动人口参加医疗保险的比重最高，为 22.92%；2018 年参保比重逐步下降至 11.51%。从不同规模城市类型来看，超大和特大城市内流动人口的医疗参保比重大于中小城市中流动人口的参保比重，但 2017 年后中小城市中流动人口的医保参保比例增速较快，2017 年和 2018 年已经高于特大城市。

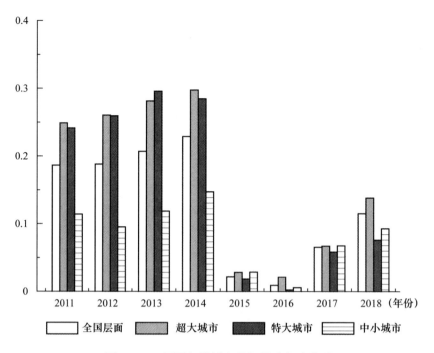

图 5 - 13　不同规模城市参加医疗保险比重

从流动人口户籍来看，如图 5 - 14 所示，"城—乡"流动人口的医保参保比例普遍大于"城—城"流动人口的参保比例，其中，对"城—乡"流动人口而言，城市规模越小，其城市内流动人口的医保参保比重越高。对"城—城"流动人口而言，城市规模越小，其城市内流动人口的医保参保比重越低。2018 年，超大城市内"城—乡"流动人口参加医保比重为61.3%，特大城市为 63.9%，Ⅰ型大城市为 68.1%，Ⅱ型大城市为70.3%，中小城市为 75.6%。对"城—城"流动人口而言，超大城市中参保比重为 38.0%，特大城市为 35.4%，Ⅰ型大城市为 30.2%，Ⅱ型大城市为 26.9%，中小城市为 20.3%。从参保地点来看，2015—2018 年CMDS 数据包括医保缴费地信息，本书进一步研究表明，如表 5 - 13 和表5 - 14 所示，"城—乡"流动人口医保缴费地多在原户籍地缴纳，而"城—城"流动人口多在流入地城市缴纳医保。

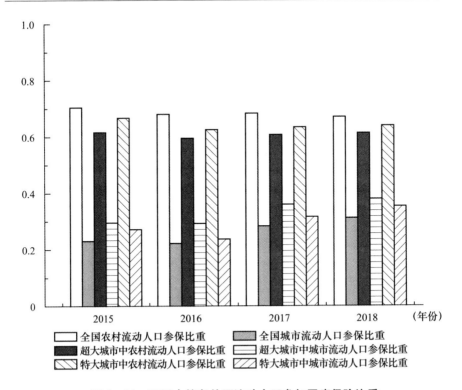

图 5 – 14　不同户籍条件下流动人口参加医疗保险比重

注：1. 本书相关指标的比重为相对于城市流动人口抽样总数而言，余文同此说明。

2. 对参加新型农村合作医疗保险、城乡居民合作医疗保险、城镇居民医疗保险和城镇职工医疗保险都认为具有医疗保险。

资料来源：笔者根据 2011—2018 年 CMDS 数据计算得出。

对于上述 CMDS 数据中流动人口参保比重不高的现象而言，从客观事实来看，由于近年来中国政府对农村发展的政策支持力度越来越大，为降低农村居民看病和治病成本，同时也鼓励农村居民增加医保投入，农村新农合医疗保险缴费比例的确是逐年提高的，但由于城乡户籍差异仍然制约着城乡基本公共服务一体化，这造成了农村流动人口的参保地点仍多选择在原户籍地参保。而对城市间流动人口而言，除个别超大和特大城市公共服务资源较高外，由于其他城市间医疗资源差异并不大，同时考虑因缴纳医保而降低个人实际短期收入水平的问题，只有部分城市间流动人口样本选择在流入地缴纳医保。

表5-13　　不同规模城市不同户籍流动人口参保地点：农村流动人口比重

年份	超大城市		特大城市		Ⅰ型大城市		Ⅱ型大城市		中小城市	
	本地	户籍地	本地	户籍地	本地	户籍地	本地	户籍地	本地	户籍地
2015	0.044	0.571	0.023	0.643	0.017	0.698	0.025	0.709	0.034	0.761
2016	0.049	0.545	0.023	0.602	0.017	0.683	0.026	0.692	0.032	0.755
2017	0.053	0.552	0.026	0.606	0.021	0.697	0.033	0.683	0.045	0.726
2018	0.075	0.535	0.031	0.606	0.025	0.654	0.039	0.662	0.049	0.704

注：CMDS中区分医疗保险参保地点仅有2015—2018年数据。

资料来源：笔者根据2011—2018年CMDS数据整理计算得出。

表5-14　不同规模城市不同户籍流动人口参保地点：城市流动人口比重

年份	超大城市		特大城市		Ⅰ型大城市		Ⅱ型大城市		中小城市	
	本地	户籍地	本地	户籍地	本地	户籍地	本地	户籍地	本地	户籍地
2015	0.250	0.038	0.228	0.039	0.199	0.038	0.148	0.045	0.088	0.050
2016	0.243	0.041	0.197	0.036	0.169	0.038	0.135	0.053	0.084	0.054
2017	0.301	0.053	0.260	0.051	0.213	0.047	0.178	0.059	0.106	0.068
2018	0.322	0.048	0.309	0.039	0.236	0.058	0.201	0.057	0.123	0.067

注：CMDS中区分医疗保险参保地点仅有2015—2018年数据。

资料来源：笔者根据2011—2018年CMDS数据整理计算得出。

（五）本章小结

优化大城市发展方式的关键在于扩大人口集聚的正外部性和降低其负外部性，同时，引导超大城市中人口均衡流动有利于实现城市可持续发展和带动周边地区协调发展，但这需要准确地认识超大和特大城市中流动人口的劳动力市场特征。

第一，上述这些典型事实为相关研究工作提供了基本依据，也为开展相关政策制定提供了数据基础。本书研究认为应逐步完善就业优先政策的宏观政策体系，将流动人口就业率、劳动参与率纳入宏观政策指标体系。第二，加快构建城乡要素平等交换、双向流动的制度性通道。目前农业转移人口仍是外出流动人口的主要组成部分，但农村流动人口在流入地城市的留居意愿显著低于城市间流动人口，以人为本的新型城镇化要求加快农业转移人口市民化，但户籍身份转变并非仅依靠户籍制度改革就能解决，还需要进一步解决农业转移人口"人—地（农地）"分离问题，使农业转移人口"人—地"落户收益与户籍制度改革相协调。第三，尽快建立统一的城乡社会保障体系，加大对流动人口的社会保障支持。本书研究认为，农业转移人口和城市流动人口的社保需求存在明显差异，社保缴纳地存在空间错位；流动人口中对随迁小孩和老人的照料需求还较高。社保领域内相关政策应立足这个客观现实和人民群众的真实需求，加快建立城乡统一的社会保障体系，实现城乡基本公共服务的标准统一、制度并轨，促进中心城市优质医疗和教育资源向基层逐步延伸，加快完善和落实跨省异地就医直接、即时结算政策，满足流动人口随迁老人和小孩的实际需要。

六　对人口流动空间选择的
进一步分析

（一）考虑流动人口的个体异质性

由于流动人口个体的户籍、年龄、受教育水平差异，其对收入和城市公共服务的偏好可能存在异质性，为更好地处理随个体变化（Case-specific）的变量，相关研究也通过引入核心解释变量和流动人口特征的交互项来进一步考察异质性（夏怡然、陆铭，2015），但考虑交互项可能无法更加直观地体现个体差异，本书采取控制个体特征变量的方法进行分组检验①。

1. 户籍差异

当考虑流动人口存在户籍差异时，如表6-1中"回归17"所示，在控制流入地城市特征和其余流动人口个体特征的前提下，城市流动人口、农村流动人口对城市公共服务和工资收入的平均边际效应都呈现显著正效应，与表2-3的基本回归结果相差不大。其中，工资收入对流动人口空间选择的平均边际效应更大（无论是农村流动人口，还是城市流动人口）。

①　首先，为排除本书2011年CMDS刻画留居意愿的偏差，后续分析剔除了2011年样本数据。其次，本书最初也遵循加入核心解释变量和流动人口特征的交互项来进一步考察收入和城市公共服务对流动人口空间选择的影响情况。最后，根据审稿人建议，同时为更加直观地呈现个体异质性差异，本书采取控制个体特征变量的方法进行分组检验。

另外，农村流动人口对工资和城市公共服务的平均边际效应都大于城市流动人口。进一步地，从流动人口的选择概率来看，工资收入对数值每增加1个单位，则城市流动人口对流入地的选择概率将增加23.02%，农村流动人口则增加25.18%；城市公共服务每增加1个单位，则农村流动人口对流入地选择概率增加8.29%，大于城市流动人口近1.50%，这表明城市公共服务对农村流动人口的空间选择影响更大，较之"城—城"流动人口，对"城—乡"人口流动而言，通过推进城市基本公共服务均等化来引导农村流动人口流动更加有效。

表6-1　　考虑人口流动的个体异质性（一）：户籍、年龄与流动时间

M_ stay		回归17：户籍差异 hukou_ i		回归18：年龄结构 age_ i			回归19：流动时间 duration_ i		
		城市居民	农村居民	30岁以下	30—40岁	40岁以上	小于3年	3—10年	10年以上
平均边际效应 dy/dx	lnb	0.0101 *** (5.67)	0.0134 *** (19.41)	0.0089 *** (8.64)	0.0129 *** (11.94)	0.0168 *** (14.89)	0.0132 *** (9.63)	0.0165 *** (18.48)	0.0110 *** (10.80)
	lnw	0.0319 *** (11.41)	0.0379 *** (31.56)	0.0457 *** (25.36)	0.0377 *** (20.01)	0.0207 *** (14.89)	0.0414 *** (18.71)	0.0425 *** (27.69)	0.0246 *** (13.76)
几率比	lnb	1.0679 *** (5.69)	1.0829 *** (19.49)	1.0550 *** (8.69)	1.0856 *** (11.99)	1.1021 *** (14.24)	1.0734 *** (9.73)	1.1012 *** (18.59)	1.0795 *** (10.77)
	lnw	1.230 *** (11.56)	1.252 *** (31.78)	1.3128 *** (25.54)	1.2714 *** (20.23)	1.1276 *** (10.59)	1.2481 *** (18.80)	1.2810 *** (27.92)	1.1867 *** (13.84)
城市/时间		已控制	已控制	已控制	已控制	已控制	已控制	已控制	已控制
城市特征		已控制	已控制	已控制	已控制	已控制	已控制	已控制	已控制
个体特征		已控制	已控制	已控制	已控制	已控制	已控制	已控制	已控制
Wald Chi²		12252.78	74219.58	38796.86	28206.19	21869.79	27579.26	47645.01	24874.41
Pseudo R²		0.3288	0.2875	0.2848	0.3269	0.2743	0.2111	0.2778	0.3750
样本数		101 450	627 099	289 644	244 839	215 848	200 521	398 246	231 123

注：*** 表示在1%的显著性水平下显著。本表去掉了其余指标及常数项回归结果，dy/dx 和几率比分别计算，括号中数值为z检验值。

2. 年龄、流动时间及家庭规模差异

伴随流动时间的增加，流动人口年龄也日益增长，不同年龄人口对教育、医疗等公共服务需求可能存在差异，通过控制不同年龄 age_i 和流动时间 $duration\_i$，本书继续对不同年龄阶段和流动时间的流动人口样本进行分组检验，如表 6-1 中"回归 18"和"回归 19"。对于不同年龄的流动人口而言，城市公共服务和工资对流动人口的正效应仍然显著为正，二者的平均边际效应显著为正，但对比 30 岁以下、30—40 岁和 40 岁以上分组样本可知，随着年龄增加，城市公共服务对流动人口空间选择的平均边际效应逐步增加，由 0.0089 增加至 0.0168（限于篇幅，未列出几率比结果，从几率比进一步可看出，城市公共服务每增加 1 个单位，城市公共服务对流动人口空间选择概率分别增加 5.50%、8.56%、10.22%），而工资效应对流动人口空间选择的平均边际效应逐步下降，由 0.0457 下降至 0.0207，从几率比来看，工资对数值每增加 1 个单位，工资对流动人口的空间选择概率的增加概率分别为 31.29%（30 岁以下）、27.14%（30—40 岁）、12.76%（40 岁以上）。

从人口的流动时间来看，考虑流动时间核密度分布，本书将流动时间分为 3 年以下、3—10 年和 10 年以上三组，回归结果见表 6-1"回归 19"，城市公共服务和工资对流动人口空间选择的平均边际效应都经历先上升后下降的倒"U"形变化，而且工资效应下降最为明显。从几率比也能看出，随着流动时间增加的 3 组子样本中，收入对数值每增加 1 个单位，其影响流动人口的空间选择概率将分别增加 24.81%、28.10% 和 18.67%。相应地，城市公共服务每增加 1 个单位，其影响概率将分别增加 1.32%、1.65% 和 1.10%。通过进一步对比样本发现，这也与流动人口对医疗和子女抚养的需求有关，流动人口样本年龄主要集中在 25—45 岁，流动人口平均年龄已由 2011 年的 34.32 岁增加到 2017 年的 37 岁，家庭平均规模也由 2011 年的 2.49 人增至 2.55 人，与之相对应，儿童和老人的随迁比例也在增加。本书进一步引入流动人口的家庭规模 $family\_size\_$

i，如表 6－2 中"回归 20"所示，随着流动人口随迁家庭规模增加，工资收入影响流动人口空间选择的正效应逐步降低，当随迁家庭规模大于 5 人时，工资收入正效应不显著，而城市公共服务的平均边际效应逐步提高。这意味着通过城市公共服务均等化和就业岗位均衡化来协调人口流动具有时间窗口期。

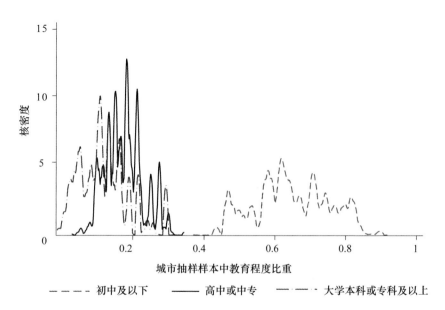

图 6－1　不同受教育水平流动人口比重的核密度估计（2011—2017 年）

资料来源：笔者根据 CMDS 数据整理计算得出。

3. 受教育水平差异

根据 CMDS 数据，2011—2017 年流动人口平均受教育水平逐步提高[①]，本书计算了 2011—2017 年流动人口受教育水平核密度分布，如图 6－1 所示，流动人口个体受教育程度存在显著差异，低技能流动人口（初中及以

[①]　拥有高中或中专、大学本科或专科及以上学历的流动人口比重逐年上升，后者上升速度最快，已从 2011 年的 7.66% 上升至 2017 年的 16.88%。

下）分布最广，其次为中等技能（高中或中专）和高等技能（大学本科或专科及以上）的流动人口。本书控制流动人口个体受教育水平 edu_i，并将其分为小学、初中、高中或中专和大学本科或专科及以上四组进行分组检验，如表6-2中"回归21"所示，对于不同受教育水平的流动人口而言，城市公共服务和工资收入对流动人口空间选择的影响机制并未改变，二者都显著影响了人口流动。此外，随着受教育水平增加，工资收入的平均边际效应先上升后下降（为节约篇幅，本节并未列出几率比结果），而城市公共服务对流动人口影响的平均边际效应逐步下降。

表6-2 考虑人口流动的个体异质性（二）：流动人口家庭规模、受教育水平

M_stay	回归20：家庭规模 $family\_size\_i$			回归21：受教育水平 edu_i			
	<3 人	3—5 人	>5 人	小学	初中	高中	大学本科或专科及以上
$\ln b$	0.0129 ***	0.0117 ***	0.0153 ***	0.0175 ***	0.0129 ***	0.0122 ***	0.0086 ***
	(17.45)	(13.24)	(4.98)	(10.21)	(14.38)	(8.39)	(4.97)
$\ln w$	0.0568 ***	0.0467 ***	0.0106	0.0166 ***	0.0405 ***	0.0424 ***	0.0320 ***
	(15.73)	(10.35)	(0.61)	(5.75)	(25.88)	(16.74)	(12.06)
城市特征	已控制	已控制	已控制	已控制	已控制	已控制	已控制
个体特征	已控制	已控制	已控制	已控制	已控制	已控制	已控制
Wald Chi^2	67846.92	39840.59	2908.28	10183.74	43549.16	18369.31	14066.22
Pseudo R^2	0.2796	0.3090	0.3030	0.2558	0.2861	0.2752	0.3819
样本数	578131	389981	29486	98955	377565	145087	107383

注：1. ***表示在1%的显著性水平下显著。本表去掉了其余指标及常数项回归结果，变量系数均为 dy/dx，括号中数值为 z 检验值。

2. 受教育水平 edu_i 采用受教育年限来界定，小学为6年，初中为9年，高中为12年，大学本科或专科及以上则大于12年。

4. 就业产业类别差异

根据2005年全国1%抽样人口调查数据推算，近55%的跨省流动人口从事制造业，从事服务业不足30%，但2010年后流动人口的就业结构开

始发生变化，流动人口从事服务业的比重逐步大于制造业。本书根据 CMDS 微观调查数据计算，2010 年后制造业吸纳流动人口的比重（占 CMDS 各城市抽样人口比重）逐年下降，总体来看 2017 年已不足 21%，流动人口从事服务业比重逐年提升，2017 年近 76%，尤其是在消费性服务业，远超过了流动人口在制造业的就业比重。考虑就业结构发生变化，这意味新时期通过制造业转移来引导劳动力流动的政策有效性可能会降低。通过设置流动人口就业产业类别的 0—1 变量，本书进一步考虑就业结构差异对流动人口区位决策的影响效果①，如表 6 - 3 所示。

第一，无论在何种产业就业，城市公共服务和工资收入对流动人口空间选择的作用机制仍然成立。第二，相对于在服务业就业的流动人口 $manuf\_$ i，在制造业部门中就业的流动人口的空间选择机制更受城市公共服务和工资收入的影响。较之服务业，城市公共服务和工资收入对数值每增加 1 个单位，流动人口的空间选择概率将分别增大 9.73% 和 31.85%，大于服务业的 8.94% 和 28.47%。但与工业整个部门就业 $indus\_$ i 相比，服务业就业的流动人口 $service\_$ i 受公共服务和收入的影响更大，如表 6 - 3 中"回归 22"所示。第三，对细分服务业类别而言，较之其他服务业类型，在基础性服务业就业的流动人口更受城市公共服务影响，城市公共服务对数值每增加 1 个单位，其影响流入概率增加 11.48%。对工资收入效应而言，其影响仍大于城市公共服务正效应，但较之基础性服务业，在生产性服务业和消费性服务业就业的流动人口受工资效应影响更大，为 5%—8%，如表 6 - 3 中"回归 23"所示。

① 本书还进一步控制了城市产业结构特征，从产业结构项 $indus$ 来看，产业结构服务业化与人口集聚正相关，但产业结构高端化 $adindus$（生产性服务业与制造业比值较高）对人口流入的影响机制不一致，对流动人口个体为负效应，但与城市规模呈现明显正相关关系，这可能与生产性服务业比重较大城市通常为超大、特大城市有关，CMDS 数据中样本近 6 成为低技能劳动力，这些城市对低技能劳动力具有明显的"门槛"效应（Behrens et al.，2014）。

表 6 - 3　　　　**考虑人口流动的个体异质性（三）：就业的产业类别**

M_ stay		回归22：产业类别			回归23：服务业类别		
		工业 *indus_* i	制造业 *manuf_* i	服务业 *service_* i	生产性 服务业 *proser_* i	消费性 服务业 *conser_* i	基础性 服务业 *pubser_* i
平均边际效应 *dy/dx*	ln*b*	0.0138 *** （8.55）	0.0176 *** （8.89）	0.0144 *** （19.67）	0.0159 *** （5.58）	0.0174 *** （13.04）	0.0221 *** （11.25）
	ln*w*	0.0465 *** （17.46）	0.0524 *** （16.59）	0.0422 *** （33.76）	0.0562 *** （11.97）	0.0582 *** （24.91）	0.0485 *** （14.07）
几率比	ln*b*	1.0737 *** （8.55）	1.0973 *** （8.85）***	1.0894 *** （19.73）	1.0897 *** （5.64）	1.0871 *** （13.10）	1.1148 *** （11.30）
	ln*w*	1.2703 *** （17.68）	1.3185 *** （16.92）	1.2847 *** （33.96）	1.3534 *** （12.08）	1.3208 *** （25.17）	1.2702 *** （14.29）
城市特征		已控制	已控制	已控制	已控制	已控制	已控制
个体特征		已控制	已控制	已控制	已控制	已控制	已控制
Wald *Chi*^{2}		21685.24	16774.13	68829.35	5585.91	18717.58	10494.43
Pseudo *R*^{2}		0.1472	0.1562	0.2834	0.1235	0.0911	0.1067
样本数		161735	117784	562439	50943	196210	99421

注：1. ***表示在1%的显著性水平下显著。对流动人口就业的产业类别采取0—1变量控制。

　2. 本表去掉了其余指标及常数项结果，括号中数值为 *z* 检验值。

（二）进一步分析

当前中国正在以基本公共服务均等化来引导农业转移人口稳定落户，工资差异仍是影响人口流动的重要因素，不同工资收入水平下流动人口对不同类别公共服务的偏好程度可能不同。《2020 年农民工监测调查报告》也表明跨省前往珠三角、长三角及沿海东部地区的农村流动人口仍较多，与此同时，中西部地区吸纳就业农民工的比重也逐年提升，不同迁移模式也会影响相关政策的有效性，在前文基础上，本书对不同工资水平、年龄结构特征、迁移特征和农业转移人口进一步聚焦分析。

1. 考虑不同工资收入条件下城市公共服务影响

本书根据 CMDS 数据整理了 2011—2017 年流动人口名义工资核密度分

布，CMDS 流动人口工资基本呈现正态分布，波峰集中于 3000—5000 元/月范围，将流动人口分为三组子样本进一步研究，工资范围分别为 3000元以下/月、3000—5000 元/月、5000—8000 元/月，相关回归结果见表6－4、表 6－5。同时考虑流动人口随迁小孩的比重日益增加，本书进一步采用了城市中小学师生比来衡量教育公共服务供给。

表 6－4　不同工资水平下流动人口对城市公共服务、工资的选择机制检验（一）

M_stay		回归 24：3000 元以下/月				回归 25：工资 3000—5000 元/月			
		$b=$ 医疗	$b=$ 教育[1]	$b=$ 教育[2]	$b=$ 环境	$b=$ 医疗	$b=$ 教育[1]	$b=$ 教育[2]	$b=$ 环境
平均边际效应 dy/dx	$\ln b$	0.0008 (0.64)	0.0125 *** (9.25)	0.0747 *** (19.68)	−0.0421 *** (−14.51)	0.0020 (0.77)	0.0118 *** (6.42)	0.0644 *** (8.53)	−0.0043 *** (−4.80)
	$\ln w$	0.0353 *** (22.53)	0.0356 *** (22.68)	0.0360 *** (22.96)	0.2120 *** (22.95)	0.0722 *** (12.47)	0.0719 *** (12.42)	0.0720 *** (12.44)	0.0734 *** (12.62)
几率比	$\ln b$	1.0005 (0.64)	1.0757 *** (9.35)	1.5470 *** (19.75)	0.9587 *** (−14.55)	1.0125 (0.77)	1.0777 *** (6.39)	1.5034 *** (8.52)	0.9731 *** (−4.83)
	$\ln w$	1.2290 *** (22.71)	1.2307 *** (22.86)	1.2340 *** (23.15)	1.2363 *** (23.20)	1.5789 *** (12.45)	1.5760 *** (12.39)	1.5773 *** (12.42)	1.5939 *** (12.60)
城市变量		已控制	已控制	已控制	已控制	已控制	已控制	已控制	已控制
个体变量		已控制	已控制	已控制	已控制	已控制	已控制	已控制	已控制
Wald Chi^2		67297.18	67298.04	67643.89	67064.57	19863.78	19891.47	19924.33	19724.84
Pseudo R^2		0.2771	0.2772	0.2775	0.2794	0.3275	0.3277	0.3278	0.3303
样本数		579366	578938	579366	573568	156868	156803	156868	155095

注：＊＊＊表示在 1% 的显著性水平下显著。为节约篇幅，本表未列出其他控制变量结果；括号中数值为 z 检验值。教育[1] 为城市高等教育师生比，教育[2] 为城市中小学师生比。

第一，工资收入对流动人口空间选择影响依然稳健，工资效应总体仍大于城市公共服务的影响效果，但随着工资收入上升，其对流动人口的正效应逐步下降。当城市就业工资对数值每增加 1 个单位值时，3000 元以下/月的流动人口样本流入概率增加 22%—24%，工资 3000—5000 元/月的流动人口样本流入概率增加 57%—59%，而工资 5000—8000 元/月的流动人口样本流入概率仅增加 16%—17%。第二，从不同公共服务类型来看，部分公共服务指标存在不显著，环境变量对人口流入影响为负，这与孙伟增等（2019）结论一致。第三，随着收入增加，流动人口对医疗偏好增加，当城市医疗供给每增加 1 个对数值时，3000 元以下/月的流动人口样本流入概率仅增加 0.05%，而工资 3000—5000 元/月和工资 5000—8000 元/月的流动人口样本流入概率分别增加 1.25% 和 5.02%，教育对流动人口的影响并未随工资收入增加而递增。另外，对不同教育变量指标而言，采用城市中小学师生比的公共服务供给对流动人口的影响大于高等教育师生比，当教育对数值每增加 1 个对数值时，高等教育师生比仅引起流入概率增加 3%—7%，而城市中小学师生比则引起流入概率增加 31%—55%。总体表明促进教育、医疗等城市公共服务均等化对工资 3000 元以上/月的流动人口样本更有效；而对低于 3000 元/月收入水平的流动人口而言，通过促进就业收入均等化的措施来引导人口流动则更为有效。

表 6 - 5   不同工资水平下流动人口对城市公共服务、工资的选择机制检验（二）

M_stay		回归26：工资 5000 元以上/月			
		$b =$ 医疗	$b =$ 教育[1]	$b =$ 教育[2]	$b =$ 环境
平均边际效应 dy/dx	ln$b$	0.0070 ** (1.99)	0.0044 (1.70)	0.2701 *** (3.44)	- 0.0045 *** (- 3.61)
	ln$w$	0.0225 *** (6.00)	0.0224 *** (5.98)	0.1575 *** (6.02)	0.0231 *** (6.13)
几率比	ln$b$	1.0502 ** (2.00)	1.0315 *** (1.57)	1.3102 *** (3.48)	0.9688 *** (- 3.65)
	ln$w$	1.1698 *** (6.07)	1.1690 *** (6.04)	1.1706 *** (6.10)	1.1754 *** (6.19)
城市变量		已控制	已控制	已控制	已控制
个体变量		已控制	已控制	已控制	已控制
Wald Chi^2		7896.45	7883.31	7888.48	7816.07
Pseudo R^2		0.3440	0.3440	0.3440	0.3469
样本数		66942	66903	66942	66176

注：***、**分别表示在 1%、5% 的显著性水平下显著。为节约篇幅，本表未列出其他控制变量结果；括号中数值为 z 检验值。教育[1]为城市高等教育师生比，教育[2]为城市中小学师生比。

2. 考虑流动人口年龄特征和公共服务供给

通过进一步分析不同年龄流动人口对不同类型公共服务的偏好变化，

在控制城市变量和个体变量的基础上，回归结果见表 6 - 6 所示，即流动人口对流入地的选择仍受工资收入和城市公共服务的显著影响，但随着流动人口年龄进一步增大，工资对人口流入的正向效应逐步减弱，如表 6 - 6 中"回归 27"和"回归 28"，但其对城市公共服务的偏好则逐步增大，尤其是对城市医疗资源供给，年龄 40 岁以下医疗供给不显著，年龄 40 岁及以上的流动人口则显著为正。这与表 6 - 1 的"回归 18"结论一致。

表 6 - 6　　不同年龄下下流动人口对城市公共服务、工资的选择机制检验

M_stay	回归 27：年龄 $age\_i < 40$				回归 28：年龄 $age\_i \geqslant 40$			
	$b = $ 医疗	$b = $ 教育^1	$b = $ 教育^2	$b = $ 环境	$b = $ 医疗	$b = $ 教育^1	$b = $ 教育^2	$b = $ 环境
$\ln b$	-0.0005 (-0.36)	0.0137*** (10.85)	0.0755*** (19.23)	-0.0082*** (-16.66)	0.0081*** (3.87)	0.0075*** (3.84)	0.0600*** (9.60)	-0.0025*** (-3.10)
$\ln w$	0.0420*** (32.31)	0.0418*** (32.25)	0.0421*** (32.44)	0.0428*** (32.77)	0.0200*** (10.21)	0.0204*** (10.40)	0.0208*** (10.62)	0.0207*** (10.50)
城市变量	已控制	已控制	已控制	已控制	已控制	已控制	已控制	已控制
个体变量	已控制	已控制	已控制	已控制	已控制	已控制	已控制	已控制
Wald Chi^2	68407.16	68400.76	68630.35	68180.20	22123.78	22109.26	22208.59	21941.09
Pseudo R^2	0.3037	0.3039	0.3042	0.3062	0.2714	0.2713	0.2716	0.2735
样本数	539686	539305	539686	534321	218413	218261	218413	216007

注：***表示在 1% 的显著性水平下显著。为节约篇幅，本表未列出其他控制变量结果；括号中数值为 z 检验值。

3. 跨省与省内跨市的流动人口如何选择？

不同迁移模式表明流动人口在权衡流动受益和流动成本上具有差异性，历次 CMDS 问卷中包含了国内流动模式，即"跨省流动""省内跨市""市内跨县"，本书以此来划分不同流动模式中流动人口的空间选择机制，检验结果如表 6 - 7 所示，工资和城市公共服务对人口流入的空间选择的影响仍具有显著正相关关系。第一，跨省流动人口样本更加关注工资水平，医疗服务供给为负效应，教育供给则显著为正，而对省内流动人口而言，医疗和教育等城市服务供给都显著为正，这表明省内流动人口更受基

本公共服务供给的影响。第二，从收入水平对比来看，对于跨省流动人口来说，城市工资对数值每提高 1 个单位，流入概率增加 30% 左右，大于省内跨市和市内跨县流动人口（27%），如表 6-7 中"回归 29"和"回归 30"。

表 6-7　不同流动模式下流动人口子样本对城市公共服务、工资的选择机制检验

M_stay		回归29：跨省流动				回归30：省内跨市流动、市内跨县等			
		$b=$医疗	$b=$教育[1]	$b=$教育[2]	$b=$环境	$b=$医疗	$b=$教育[1]	$b=$教育[2]	$b=$环境
平均边际效应 dy/dx	$\ln b$	−0.0099 *** (−6.20)	0.0090 *** (6.53)	0.1000 *** (19.66)	−0.0112 *** (−18.42)	0.0091 *** (5.66)	0.0147 *** (8.17)	0.0617 *** (13.03)	−0.0023 *** (−3.81)
	$\ln w$	0.0446 *** (29.66)	0.0445 *** (29.56)	0.0452 *** (30.06)	0.0455 *** (30.12)	0.0397 *** (24.36)	0.0400 *** (24.56)	0.0405 *** (24.85)	0.0403 *** (24.56)
几率比	$\ln b$	0.9422 *** (−6.24)	1.0552 *** (6.56)	1.8236 *** (19.79)	0.9342 *** (−18.58)	1.0565 *** (5.71)	1.0934 *** (7.97)	1.4518 *** (13.07)	0.9861 *** (−3.80)
	$\ln w$	1.3071 *** (29.84)	1.3062 *** (29.74)	1.3123 *** (30.26)	1.3165 *** (30.32)	1.2706 *** (24.60)	1.2733 *** (24.81)	1.2769 *** (25.09)	1.2758 *** (24.82)
城市变量		已控制	已控制	已控制	已控制	已控制	已控制	已控制	已控制
个体变量		已控制	已控制	已控制	已控制	已控制	已控制	已控制	已控制
Wald Chi^2		47265.30	47238.89	47577.48	47182.25	42047.94	42076.02	42211.06	41828.03
Pseudo R^2		0.2946	0.2946	0.2953	0.2976	0.2957	0.2959	0.2960	0.2977
样本数		378165	377781	378165	374180	357789	357661	357789	354243

注：*** 表示在 1% 的显著性水平下显著。为节约篇幅，本表未列出其他控制变量结果；括号中数值为 z 检验值。

4. 具有农村承包地的农业转移人口如何选择？

尽管农业转移人口规模呈现下降趋势，但具有农村户籍的流动人口在本书选取的样本中仍占 80% 以上，已有研究表明农村土地性质及所有权会影响农业转移人口城镇化（周文等，2017）。CMDS 问卷从 2017 年开始对流动人口是否具有农村承包地及宅基地进行调查，其第 106 个问题为"您老家是否有承包地？（具有土地承包权）"，本书提取了相关变量，初步分析表明，具

有承包地的城市农业转移人口具有一定的落户需求，如图 6-2 所示。

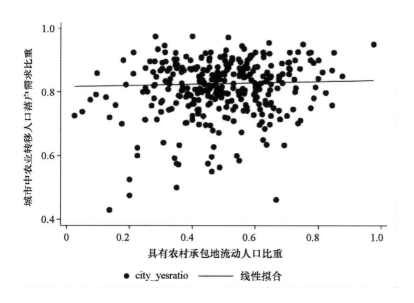

图 6-2 中国 274 个城市的具有农村承包地农业转移人口的城市留居意愿（2017 年）
资料来源：笔者根据 2017 年 CMDS 数据整理计算得出。

本书进一步检验了不同城市公共服务和工资对"城—乡"流动人口（$hukou\_i=1$）的城市选择影响[1]，如表 6-8 所示，2017 年 CMDS 数据检验结果表明，对农村流动人口而言，城市公共服务和工资收入仍然显著地影响人口流动的空间选择机制，工资收入对数值每增加 1 个单位，农村迁移人口增加流入城市的概率为 35%—38%，与表 6-1 中"回归 17"基本保持一致。从不同类型公共服务来看，农村流动人口受医疗和教育公共供给影响较大，但是否具有农村土地权益的个体样本间存在差异，较之具有农村土地权益的流动人口，其教育影响效果小于不具有农村土地权益的农

---

① 尽管 2013 年和 2014 年 CMDS 问卷有田地等信息，但并未区分承包地产权，从明确的农地产权角度出发，本书在相关部分仅使用了 2017 年 CMDS 数据，同时，还引入宅基地和集体收益分配权等农地权益。另外，考虑每年 CMDS 数据样本量都较大，采用 2017 年的截面数据也能实现本书的研究目的。

村流动人口，而医疗则较大，如表 6 – 8 中"回归 31"和"回归 32"所示，当城市医疗对数值每增加 1 个单位，对具有农地权益的样本增加流入城市的概率为 10.97%，而不具有农地权益的农村流动人口仅为 6.98%。当城市教育对数值每增加 1 个单位时，以城市中小学师生比为例，不具有农地权益的流动人口将增加流入城市的概率为 40.34%，其大于具有农地权益的样本流入概率（29.90%）。此外，城市环境变量对农村流动人口的影响并不一致。总体而言，从 CMDS 数据来看，对城市公共服务而言，具有农村土地权益的农村流动人口更偏好医疗供给较高的城市，而不具有农村土地权益的农村流动人口则偏好受教育水平较高的城市。

表 6 – 8　　　　　　具有农村土地权益的农业转移流动人口

对城市公共服务、工资的选择机制检验

M_stay		回归 31：具有农村土地权益的农村流动人口				回归 32：不具有农村土地权益的农村流动人口			
		$b=$ 医疗	$b=$ 教育[1]	$b=$ 教育[2]	$b=$ 环境	$b=$ 医疗	$b=$ 教育[1]	$b=$ 教育[2]	$b=$ 环境
平均边际效应 dy/dx	$\ln b$	0.0141*** (3.66)	0.0021 (0.77)	0.0364*** (3.31)	0.0388*** (3.30)	0.0104 (1.22)	0.0175*** (2.92)	0.0525** (2.40)	−0.0014 (−0.65)
	$\ln w$	0.0461*** (15.56)	0.0436*** (14.51)	0.0438 (14.57)	0.0429*** (14.26)	0.0488*** (7.58)	0.0483*** (7.52)	0.0499*** (7.80)	0.0499*** (7.75)
几率比	$\ln b$	1.1097*** (3.78)	1.0149 (0.69)	1.2990*** (3.42)	1.0283*** (3.23)	1.0698 (1.25)	1.1198*** (2.97)	1.4034** (2.43)	0.9908 (−0.64)
	$\ln w$	1.3575*** (14.30)	1.3681*** (14.73)	1.3702*** (14.80)	1.3617*** (14.48)	1.3704*** (7.66)	1.3658*** (7.59)	1.3803*** (7.86)	1.3798*** (7.82)
城市变量		已控制	已控制	已控制	已控制	已控制	已控制	已控制	已控制
个体变量		已控制	已控制	已控制	已控制	已控制	已控制	已控制	已控制
Wald Chi^2		2487.86	2477.63	2493.49	2484.99	751.12	806.64	754.53	747.82
Pseudo R^2		0.0379	0.0377	0.0378	0.0378	0.0412	0.0416	0.0414	0.0411
样本数		72801	72801	72801	72801	19242	19242	19242	19242

注：***、**分别表示在 1%、5% 的显著性水平下显著。为节约篇幅，本表未列出其他控制变量结果；括号中数值为 z 检验值。

本书农村土地权益指农村流动人口所具有的土地承包权、宅基地使用权、集体收益分配权，本书提取了 CMDS 2017 年数据中农村流动人口的农村土地承包权（rural_ farmland_ i）、宅基地使用权（rural_ buildland_ i）和集体收益分配权（rural_ jitibonus_ i）（0 – 1 变量）等变量，只要具有三者之一，本书都标定为具有农村土地权益；回归 32 中农村人口为不具有任何农村土地权益。

（三）本章小结

2019 年 4 月 15 日，中共中央、国务院发布了《关于建立健全城乡融合发展体制机制和政策体系的意见》，要求"逐步消除城市落户限制""健全农业转移人口市民化机制""基本建立城乡有序流动的人口迁徙制度""实现基本公共服务均等化""促进城乡要素自由流动、平等交换和公共资源合理配置"，这对打破"故土难回、融入不易"等体制性障碍具有重要意义。

本书的核心观点是准确认识人口流动的客观规律有助于合理引导人口流动，进而促进大中小城市协调发展和降低区域发展分化。本书理论分析还为进一步完全放开个别特大与超大城市的落户限制提供了政策启示，即人口自由流动对城市规模的影响将最终取决于本地和异地户籍就业人口数，这意味着在引导人口合理流动时，除采取基本公共服务均等化等措施外，还应更加关注如何实现就业机会的空间均衡化。

第一，工资对流动人口的区位选择具有显著的正向集聚效应，是影响人口流动的充分条件，在异质性检验中工资效应都显著为正，随着收入水平的提高和流动时间及年龄的增加，流动人口受医疗、教育等城市公共服务的影响逐步增加，而工资效应则逐步下降，从长期总体规律来看，医疗、教育、环境等城市公共服务供给质量对流动人口稳定落户影响较大。第二，人口流动对工资和城市公共服务的选择还受流动模式的影响，在提高本地就业机会和就业质量的基础上来促进医疗和教育资源均等化可能更有利于引导人口合理流动，对省内跨市人口流动，应强化城乡融合发展，在增加次中心城市就业机会的基础上，促进医疗和教育资源均衡化；对跨省人口流动而言，其受工资效应影响较大，相关引导人口流动的政策思路应聚焦提高本地就业收入水平。第三，农村流动人口对工资和城市公共服务的平均边际效应都大于城市流动人口，这表明户籍改变有利于提高城市公共服务对人口流动的拉力，但农村土地问题是影响农业转移人口稳定落户的重要因素，总体来看，农业转移人口落户意愿并不高，但无论是否具有农村土地权益，农村流动人口对教育等公共服务的需求较大，因而提高新型城镇化质量的关键在于提高公共服务供给，进而实现城乡全覆盖。

七　人口疏解政策实施情况及影响

——以北京市为例

人口疏解是非首都功能疏解中的重要目标，2020—2035 年北京市常住人口远期要严格控制在 2300 万人①，"城六区"核心区人口 2020 年控制在 1085 万人，并在 2035 年远期规划目标中要稳定保持这一规模。本章将对 2015 年以来非首都功能疏解中人口疏解政策的实施情况及效果进行研究。

（一）北京市代表性人口疏解政策调研

在总结已有研究的基础上，课题组通过在北京市东城区、海淀区代表性街道进行实地调研和访谈，也参加了相关部门组织的人口疏解工作部门座谈会，从政策制定、实施、评价等方面全面回顾非首都功能疏解中影响人口疏解的政策体系，如表 7-1 所示，总体来看，人口疏解政策具体可分为"以房管人""以证管人""以业控人"和城市综合治理四种类型。从这四种影响人口流动的政策来看，促进人口疏解的政策有的是依据户籍制度、建筑使用用途管理、产业准入目录等现有制度框架制定的；有的则属于专门为疏解人口而制定实施的，例如治理"开墙打洞"、深化公共房屋管理等；还有的则是从更大的国家发展战略视角来制定的，比如军队产

---

① 北京市规划和国土资源管理委员会：《北京城市总体规划（2016 年—2035 年）》，2017 年 9 月 29 日。其中，"多点包括顺义、大兴、亦庄、昌平、房山新城，是承接中心城区适宜功能和人口疏解的重点地区，是推进京津冀协同发展的重要区域。"

权房屋清理、全面停止军队有偿服务、首都经济"高精尖"转型升级、深化国家森林城市建设等，具体介绍如下。

表7-1　　　　　非首都功能疏解背景下人口疏解政策工具

人口疏解政策	具体措施	政策手段	代表做法
"以房管人"	购买房屋的规定限制、租房政策	行政	购买房屋规定、流动人口管理
	军队固定资产清理	行政	规范军队资产管理、清退占用出借等建筑、封闭军管区域
	房屋管理	行政	规范直管公房管理、区属出租出借房产清理
	建筑使用管理	行政	城中村治理、拆除违法建设、治理开墙打洞、清理群租房和地下空间
"以证管人"	户籍管理	行政	落户指标限制，将医保、入学、购车资格权等与户籍挂钩
	外地人口居住证	行政	规范居住证审核流程
	取缔无证无照经营	行政	规范经营活动
"以业控人"	功能区调整优化	行政＋市场	以空间功能定位下的产业疏解带动人口疏解：制定产业指导目录、服务业发展禁止和限制目录、产业发展准入目录、城市土地用途调整、腾退空间再利用
	部分产业疏解	行政＋市场	区域性物流市场和基地、商品市场、劳动密集型制造业等外迁
	公共服务资源疏解	行政	教育医疗等公共基础服务资源疏解，规范非法行医和非法办学
城市综合治理	重点地区改造升级	行政＋市场	重点区域产业业态升级调整，培育中高端消费品牌
	历史文化街区修缮治理	行政＋市场	腾退历史文化建筑居住占用、进行文物修缮
	促进城市更新改造、改善城市宜居环境	行政＋市场	棚户区改造、治理占道经营和"游商"、"留白增绿"

资料来源：笔者根据调研实际情况和已有研究总结。

1. "以房管人"

"以房管人"并非专门的人口疏解政策，但在大多数城市都存在，主要以居住证和租住房屋地址相结合来实现对城市内流动人口的管理。"以房管人"政策直接影响了城市流动人口的居住成本，主要通过政策制度限制来影响居住、工作的地理空间来实现，有房屋购买限制、清理不规范、有社会安全隐患、不符合建筑规划用途的工作和居住用房等。"以房管人"属于疏解人口的行政手段，具体有以下几方面：第一，非本市户籍的城市居民无法取得购买本市房屋的资格。第二，通过外来人口的居住房屋来实现对城市流动人口的登记管理。上述两个方面是将房屋购买资格、租住房屋流动人口管理与城市户籍相挂钩。第三，规范建筑用途。以规范违规租房和违法建设房屋、治理群租房、城中村和地下室空间来修正违法建筑用途，例如治理"开墙打洞"，这些措施挤压了不规范居住和经营活动的地理空间，也制止了一些违法经营活动在城市内蔓延。第四，腾退公房违规租住，加大公房房产清理工作，这主要涉及集体产权房管理改革。第五，清理军产房。规范军队固定资产管理、"停止军队有偿服务"有助于强化军队职能，从侧面也对相应的经营活动集聚人口起到了疏解作用。

2. "以证管人"

对北京市而言，"以证管人"通常指利用流动人口的居住证对其就业需求、公共服务供给进行管理，以往还有暂住证等。"以证管人"主要将医疗、教育等公共服务和经营活动的资格权与城市居住证、经营许可证等证件挂钩。以教育为例，北京市主要通过"五证"实现对外来务工人员子女的就学进行管理，"五证"具体指在京务工就业证明、在京居住证明、户口簿、在京暂住证、户籍所在地街乡政府出具的当地无监护条件证明（从 2017 年 9 月 30 日开始，北京市取消了暂住证，更加强化居住证管理）。"以证管人"依赖于证件信息的准确性，但对于非就学、就医的外来就业人口而言，居住证也存在办证率较低、人口基础信息不全面和不及时等缺点。从实际情况进一步看，"以证管人"对人口疏解效应还主要体现为取缔无证无照经营活动，对外地人口的一般经营性活动的办证指标进行缩减，例如办理理发店的经营许可指标的审批意见已下放至街道层面。

3. "以业控人"

"以业控人"主要通过城市功能区调整、促进部分不符合功能定位的产业外迁和公共资源疏解来带动就业人口转移，具体有：制定产业准入目录、产业发展指导目录、城市土地配套用途调整、腾退空间利用、区域物流和一般制造业外迁、教育和医疗资源疏解等措施。"以业控人"政策旨在通过产业和公共服务资源疏解来带动劳动力就业和生活空间再选择，这种政策思路可通过政府的行政规定来实现，但也收到市场规律的长期影响。此外，"以业控人"也包括了对非法行医和非法办学的治理，其间接地降低了城市内流动人口的集聚水平。从政策实施的实际情况来看，"以业控人"不仅与疏解地的产业类型有关，而且与产业承接地的经济发展水平息息相关，但相关研究（李程伟等，2017）和实际调研情况都表明，推进劳动密集型产业转移不一定能同步地带动劳动力跟随产业转移，被疏解产业的劳动力也可转移到同城市的其他产业部门就业，也有可能转移至其他城市就业。

4. 城市综合治理

城市综合治理主要体现在重点区域改造升级、腾退空间修缮治理、棚户区改造等城市更新方面，主要通过不同水平商业业态的再培育和实现低人口密度来提升城市宜居生活水平，具体措施有商业品牌升级替代一般零售、餐饮业态，解决城市中历史文化遗迹的居住占用问题，在棚户区进行改造和对简易老旧小区腾退实现腾退土地"留白增绿"，即对原有绿化用地进行拓宽，提升城市宜居环境。此外，还通过对街区和地铁附近"游商"和占道经营进行治理，进一步压缩了无序经营的经济活动场所。

（二）从调研中总结的人口疏解难题

通过实地调研和数据分析，本书发现非首都功能疏解实现了人口规模控制的预期总量目标，但也面临一些实际问题，为了更加有效地促进京津冀协调发展，这些问题亟待解决。

1. 中心城区影响人口集聚的比较优势并未改变

尽管北京市通过促进一般制造业、区域性物流基地等产业向河北、天津疏解，但北京市中心城区引发人口集聚的区域比较优势仍然没有改变。人口流动受中心城区高工资溢价效应的影响显著，从北京市各区居民可支配收入的相对水平来看，中心城区具有相对较高的可支配收入。2015—2019 年，"城六区"（北京市东城区、西城区、朝阳区、丰台区、石景山区和海淀区）收入水平比较优势并未改变，其居民的可支配收入水平都显著高于其他区，其中东城区、西城区、朝阳区、石景山区和海淀区都高于北京市平均水平，其 2019 年的可支配收入相对水平分别为 1.20、1.30、1.13、1.14 和 1.25，具体见图 7－1。

从工资水平进一步来看，"城六区"的在岗职工年平均工资也高于其他区，2019 年西城区最高（227432 元/年），东城区其次（194572 元/年），海淀区为 192456 元/年。从城市内公共服务分布情况来看，2015—2019 年"城六区"的医疗资源集中水平高于北京市平均水平，也显著高于其他周边区，2019 年北京市单位医疗机构医师数为 10.21 人/个，2019 年东城区、西城区和丰台区单位医疗机构医师数分别为 18.49 人/个、19.89 人/个和 17.82 人/个，周边郊区的单位医疗机构医师数都低于北京市平均水平，通州区、顺义区、昌平区、怀柔区、延庆区分别为 6.38 人/个、5.03 人/个、6.01 人/个、3.50 人/个、3.59 人/个，具体如图 7－2所示。

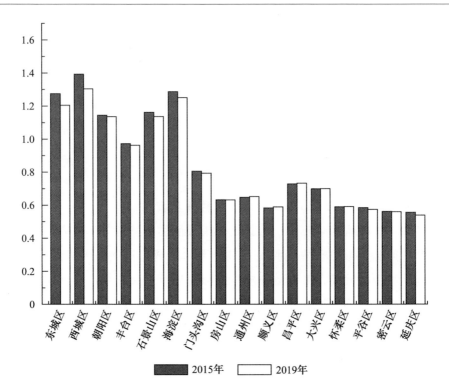

图 7 - 1　北京市各区居民可支配收入与北京市比值（2015 年、2019 年）

注：各区居民可支配收入与北京市比值为各区当年值与北京市全市居民收入值相比。

资料来源：笔者根据《北京区域统计年鉴（2020）》计算得出。

　　由于就业收入和公共资源分布的不均衡性，北京市"城六区"对劳动力就业的集聚效应仍然显著高于周边郊区，从 2013 年和 2018 年经济普查数据来看，北京市各区集聚劳动力就业的趋势并未改变，用北京市各区就业人口与北京市总就业人口的比重来表示劳动力相对集聚水平，如图 7 - 3 所示，朝阳区和海淀区是北京劳动力就业最集中的两个区，2018 年分别占比 21.65% 和 20.70%，东城区和西城区相对 2013 年就业占比下降，2018 年东城区和西城区的就业占比分别为 6.94% 和 8.79%，较之 2013 年下降 0.77%、1.73%。从周边郊区来看，2018 年通州区、顺义区、大兴区、延庆区的就业人口占比较之 2013 年分别下降 0.12%、0.20%、0.12%、0.02%，而其他郊区的上升幅度较大，其中怀柔区上升幅度最大，2018

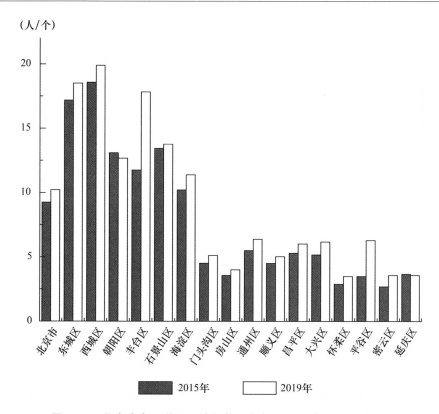

图 7-2 北京市各区单位医疗机构医师数（2015 年、2019 年）

注：单位医疗机构医师数为执业（助理）医师与医疗机构数比值。

资料来源：笔者根据《北京区域统计年鉴（2020）》计算得出。

较之 2013 年上升 0.60%，门头沟区、房山区、昌平区、平谷区、密云区分别上升 0.25%、0.17%、0.19%、0.45%、0.42%。从就业人数增加规模进一步来看，北京市 2018 年法人单位数为 988619 个，年末就业人口为 1361.01 万人，较之 2013 年分别增加 358074 个、249.67 万人，就业人数增幅较大的区分别为朝阳区（2018 年较之 2013 年增加 66.21 万人）、海淀区（39.12 万人）和丰台区（18.01 万人），周边郊区增幅较大的区为昌平区（13.03 万人）、顺义区（10.73 万人）、怀柔区（11.83 万人）。

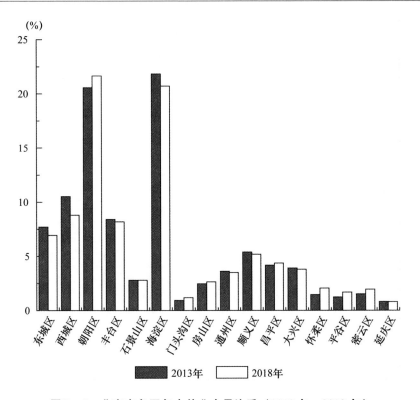

图 7-3　北京市各区年末从业人员比重（2013 年、2018 年）

资料来源：笔者根据《北京区域统计年鉴（2020）》计算得出，具体数据来源于北京市 2013 年和 2018 年经济普查数据。

2. 京津冀地区发展阶段和产业结构差异较大

由于长期的历史复杂原因，京津冀地区发展差异较大，首先体现为经济水平差异，从京津冀地区和中国人均 GDP 来看，北京市和天津市经济水平高于全国平均水平和京津冀地区平均水平，如图 7-4 所示，2019 年北京市和天津市人均 GDP 分别为 164220 元和 90371 元，高于 2019 年全国平均水平（70892 元），唐山为河北人均 GDP 最高的城市，其 2019 年为86667 元，河北省 2019 年人均 GDP 最低的城市为 28707 元，但 2018—2019 年天津市人均 GDP 下降幅度较大，较之 2018 年下降 25.14%。从全国平均水平进一步来看，河北省人均 GDP 也低于全国平均水平，除唐山市外，其余 10 个地级市 2019 年人均 GDP 水平都低于全国平均水平。

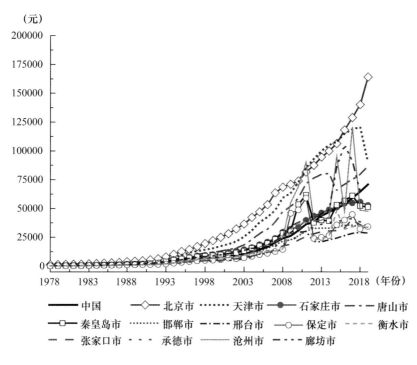

图 7 - 4　京津冀地区和中国人均 GDP（1978—2019 年）

注：价格为当年价。

资料来源：中国经济社会大数据研究平台，https：//data. cnki. net/。

从京津冀产业结构来看，本书以服务业和工业产值的比值来衡量区域产业结构，如图 7 - 5 所示，京津冀产业结构具有显著的差异性，服务业发展倾向可能会降低京津冀产业分工的有效性。1978—2019 年北京市产业结构呈现服务业化比重愈加显著，1978 年北京市服务业与工业比重为 0. 34，到 1993 年为 1. 01，北京市服务业产业增加值开始超过工业，到 2020 年北京市服务业与工业增加值比重为 5. 30。天津市工业比重一直较大，其产业结构服务业化 2015 年才开始显现，2020 年天津市服务业与工业增加值比重为 1. 89。对河北省而言，除唐山市外，河北省大多数地级市的服务业产业增加值到 2018 年也都超过了工业增加值，2020 年唐山市产业结构服务业比值为 0. 76。从发展阶段进一步来看，河北省各城市的经济结构服务业化大多始于 2015 年，且目前还存在增加的趋势，沧州市、衡水市等地服务业发展速度近年来快于工业。其次，京津冀产业结构差异性将使产业发展协调程度面临较大挑战，这有可能进一步影响产业疏解和承接。产业转移协调性降低会对要素市场化自由流动产生不利影响，尤其是对于河北省（尤其是雄安新区）需要承接创新要素，高素质高技能人才需要与高质量就业机会相匹配，当河北省产业结构差异较大，无法承接北京市流出的高技能人才时，这反过来又制约了京津冀协调发展的有效实现。

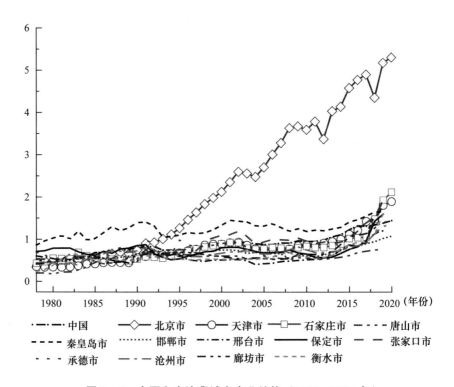

图 7 - 5　中国和京津冀城市产业结构（1978—2020 年）

注：产业结构为第三产业增加值与第二产业增加值比值。

资料来源：中国经济社会大数据研究平台，https：//data. cnki. net/。

　　城镇化水平衡量了区域发展阶段，如表 7 - 2 所示，从京津冀地区的城镇化水平来看，北京市和天津市 2019 年常住人口城镇化率分别为 86.60% 和 83.48%，从诺瑟姆曲线①所揭示的世界城镇化发展规律来看，这表明北京市和天津市已经进入城镇化成熟阶段。从河北省的城镇化水平来看，2019 年河北省常住人口城镇化率为 57.62%，石家庄市、唐山市、秦皇岛市、廊坊市分别为 65.05%、64.32%、60.72%、61.29%，其余城市都小于 60%，与同时期城市产业结构对比来看，这表明工业化阶段尚未完成的河北省大多城市已经呈现产业结构服务业化的趋势，通过疏解北京市的劳动密集型制造业到河北省，可能会面临经济结构服务业化的影响，尽管一般区域性物流市场可以带动相关从业人口转移，但这种产业转移并不能有效促进河北省经济结构转型，对雄安新区发展而言，显然不是要承接一般劳动密集型制造业的，传统产业也难以支撑高质量城镇化（叶振宇等，2018）。

表 7 - 2　　　　　　　　京津冀地区 2019 年人口水平及城镇化率

地区	常住总人口（万人）	出生率（‰）	死亡率（‰）	自然增长率（‰）	常住人口城镇化率（%）
北京市	2153.60	8.12	5.49	2.63	86.60
天津市	1561.83	6.73	5.30	1.43	83.48
河北省	7591.97	10.83	6.12	4.71	57.62
石家庄市	1039.42	10.60	5.20	5.40	65.05
唐山市	796.42	10.50	7.07	3.43	64.32
秦皇岛市	314.63	8.90	6.33	2.57	60.72
邯郸市	954.97	11.80	6.24	5.56	58.15
邢台市	739.52	11.50	6.10	5.40	54.23
保定市	939.91	10.23	6.71	3.52	54.69
张家口市	442.33	8.30	7.10	1.20	58.38
承德市	358.27	10.91	7.18	3.73	53.26
沧州市	754.43	12.20	5.00	7.20	54.91
廊坊市	492.05	12.50	5.60	6.90	61.29

---

①　诺瑟姆（Northam，1979）曲线又称作"城市化曲线"，主要明确城乡人口划分，并将其对应不同水平的城镇化阶段，具体分为城镇化初期、城镇化加速阶段和城镇化后期，城镇化水平 30% 和 70% 分别对应了第一拐点和第二拐点，城镇化率 70% 及以上表明城镇化水平进入了稳定阶段。

地区	常住总人口 （万人）	出生率 （‰）	死亡率 （‰）	自然增长率 （‰）	常住人口 城镇化率（%）
衡水市	448.57	10.01	5.96	4.05	53.22
定州市	123.09	9.95	5.00	4.95	54.63
辛集市	63.70	9.04	6.03	3.01	54.01
雄安新区	124.66	11.50	4.80	6.70	45.40

资料来源：河北省统计局、北京市和天津市 2020 年统计年鉴。

3. 雄安新区承接北京非首都功能疏解效果还不明显

毋庸置疑，设立雄安新区对于促进京津冀协调发展至关重要，不仅有利于优化北京功能定位，使其与通州副中心一起成为北京发展新的"两翼"，而且有利于通过促进雄安新区集中承接北京疏解非首都功能的产业和劳动力，进而实现优化京津冀经济结构和培育新的增长极。由于雄安新区建设周期的客观现实，截至 2021 年 6 月，雄安新区承接非首都功能疏解的产业和人口转移的效果还不明显，相关转移企业仍集中在央企设立的分支机构和新成立的企业（国资委，2021），除国有企业外，市场主导的企业项目还未开始。总体来看面临以下几方面的挑战。

首先，雄安新区建设及中远期发展要实现城市人口规模可控、劳动力结构持续优化。雄安新区起步区即将建成，人口规模将依据"新区规划建设区按 1 万人/平方公里控制"，这意味着规划建设启动区（"在起步区适当区域规划建设启动区，面积 20—30 平方公里，重点承接北京非首都功能疏解"）将会形成 20 万—30 万人的初步规模，考虑产业发展目标和生态环境约束，雄安新区的规划目标涉及了"重点承接北京疏解的事业单位、总部企业、金融机构、高等院校、科研院所等"，重点发展"人工智能、信息安全、量子技术、超级计算等尖端技术产业基地，建设国家医疗中心。"因此，雄安新区发展初期对人口规模控制将较为严格，主要要满足高技能劳动力和高层次人才的就业和居住需求。其次，从全球新城建设的经验来看，缺乏居住配套支撑的产业新城无法形成稳定的人口集聚力，故雄安新区的产业发展还需要配套相应的生活居住设施，例如大型超市、影院、餐饮、商务酒店、健身运动、医疗、幼儿教育、社区服务等，这些消费性服务业也会集聚相关劳动力就业。最后，目前雄安新区城镇化率还不高，农业农村也需要实现乡村振兴，需要处理好城镇化和乡村发展的关系，协调好生态治理、农业发展和城市产业集聚的关系。

（三）从统计数据看人口疏解政策时点后的城市发展

为进一步测度人口疏解政策对城市发展的影响，本节利用北京市统计年鉴数据对 2015 年以来人口疏解政策的影响进行研究，影响主要集中在人口规模控制和经济增长等方面。

1. 人口规模控制是否有效？

2015 年以来北京以非首都功能疏解带动人口疏解，从北京市统计局公布数据来看，北京市人口规模控制政策是有效的。1978—2016 年北京市常住人口增加趋势明显，由 1978 年的 871.5 万人逐步增加到 2016 年的 2172.9 万人，但常住人口的增长趋势从 2015 年开始逐步稳定，2016—2019 年北京市常住人口逐步由 2172.9 万人下降至 2153.6 万人，其中外来人口也由 2015 年的 822.6 万人下降至 2019 年的 745.6 万人，而户籍人口增加变动也趋于稳定，2019 年北京市户籍人口为 1397.4 万人，户籍人口城镇化率为 84.18%，其与常住人口城镇化率（86.60%）差距不大，具体见图 7-6。

从 2005—2019 年北京市外来人口比重来看，如表 7-3 所示，2005—2014 年北京市外来人口占全市常住人口的比重呈现逐步增加的趋势，由 2005 年外来人口占比 23.23% 上升至 2014 年的 38.05%，2015—2019 年北京市外来人口占常住人口的比重逐步下降，由 2015 年的 37.90% 下降至 2019 年的 34.62%。从"城六区"常住人口占北京市全市常住人口的比重来看，其从 2005 年到 2019 年是逐年下降的，这表明北京城市核心区"城六区"外来人口逐步向周边郊区流动，但其下降速度在 2015 年以后逐步

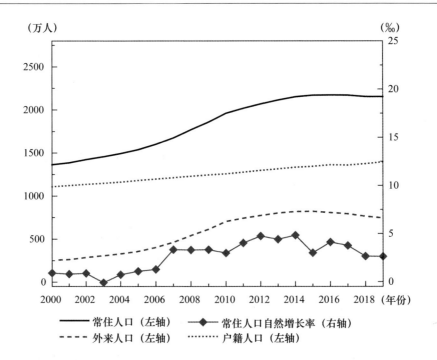

图7-6　北京市人口规模和常住人口自然增长率变化（2000—2019年）

注：1. 2005年、2015年数据为1%人口抽样调查推算数据；2013—2014年、2016—2019年为人口抽样调查推算数据。

资料来源：《北京统计年鉴（2020）》。

加快，2015年为59.10%，较之2005年下降2.88%，2019年为52.17%，较之2015年下降6.93%，从具体外来人口比重来看，"城六区"外来人口占北京全市外来人口的比重也是逐步下降的，2005—2015年下降9.28%，2015—2019年下降7.56%，这进一步表明北京市"城六区"外来人口比重自2005年以来的下降是长期客观存在的。从具体外来流动人口规模来看，如表7-4所示，2019年北京市外来流动人口为745.6万人，"城六区"中集聚的外来人口主要集中在朝阳区和海淀区，分别有外来流动人口149.1万人和123.7万人，对周边郊区而言，昌平区、大兴区、通州区集聚较多外来流动人口，分别集聚105.1万人、77.1万人、64.6万人。

表 7 – 3　　　　　**北京市外来常住人口比重（2005—2019 年）**

年份	2005	2010	2012	2013	2014	2015	2016	2017	2018	2019
北京市外来常住人口占常住人口比重	23.23	35.92	37.39	37.96	38.05	37.90	37.16	36.59	35.49	34.62
"城六区"常住人口占全市常住人口比重	61.98	59.72	59.33	59.27	59.32	59.10	57.41	55.69	54.12	52.17
"城六区"外来人口占全市外来人口比重	68.74	61.56	60.42	59.97	59.90	59.46	57.14	54.80	52.98	51.90

注："城六区"指东城区、西城区、朝阳区、丰台区、石景山区和海淀区。

资料来源：笔者根据《北京统计年鉴（2020）》计算得出。

表 7 – 4　　　　　**北京市及各区外来流动人口规模（2005—2019 年）**

年份	2005	2010	2012	2013	2014	2015	2016	2017	2018	2019
北京市	357.3	704.7	773.8	802.7	818.7	822.6	807.5	794.3	764.6	745.6
东 城 区	15.3	22.0	21.2	21.0	21.2	20.7	19.2	17.8	16.5	15.4
西 城 区	21.1	32.7	33.3	34.4	32.8	31.0	29.2	27.9	22.3	21.0
朝 阳 区	84.0	151.5	169.5	176.1	179.8	184.0	174.8	168.8	157.9	149.1
丰 台 区	36.6	81.3	83.7	85.0	85.1	83.8	79.9	75.4	69.8	64.1
石景山区	14.9	20.7	21.4	21.4	21.2	21.0	19.0	17.8	15.2	13.7
海 淀 区	73.7	125.6	138.4	143.5	150.3	148.6	139.3	127.6	123.4	123.7
门头沟区	4.1	4.7	4.9	5.0	4.9	4.8	5.0	5.0	5.2	5.7
房 山 区	11.9	19.5	22.8	24.6	26.7	27.4	28.0	30.3	30.6	30.8
通 州 区	19.7	43.5	50.7	53.6	55.5	55.9	57.0	60.3	65.7	64.6
顺 义 区	15.6	27.9	34.5	37.3	38.9	40.2	43.0	46.4	46.7	48.0
昌 平 区	21.9	84.7	95.7	100.6	100.2	102.6	103.8	105.5	106.7	105.1
大 兴 区	25.3	64.4	71.4	73.5	75.6	76.1	82.1	83.2	76.5	77.1
怀 柔 区	5.3	10.3	10.3	10.6	10.4	10.5	10.6	10.7	10.3	10.2
平 谷 区	2.4	4.9	5.2	5.3	5.3	5.3	5.5	5.7	5.1	4.7
密 云 区	3.5	6.6	7.1	7.2	7.2	7.1	7.2	7.6	7.9	7.9
延 庆 区	2.0	3.9	3.7	3.6	3.6	3.6	3.9	4.3	4.8	4.5

注：全市数据 2010 年为北京市第六次全国人口普查推算数，分区数据 2010 年为北京市第六次全国人口普查数据。

资料来源：《北京统计年鉴（2020）》。

　　通过 2020 年北京市第七次全国人口普查数据进一步表明，2020 年北京市常住人口为 21893095 人，较之 2010 年北京市第六次全国人口普查增加 2280727 人，增幅 11.6%，外来人口 8418418 人，占常住人口的比重为 38.5%，较之 2010 年增加 19.5%，年均增幅 1.8%（北京市统计局、北京市第七次全国人口普查领导小组办公室，2021）。城市核心区"城六区"人口 108.8 万人，较之 2010 年减少 71.8 万人，其余昌平区等十个区常住人口为 1090.5 万人，较之 2010 年增加 300.9 万人，占比上升 9.5%，这表明北京市人口由城市中心区向周边郊区扩散（北京市统计局、北京市第七次全国人口普查领导小组办公室，2021）。

2. 对北京市经济社会发展影响

　　从北京市经济增长情况来看，2015 年后 GDP 增长率呈现逐步降低趋势，但人均 GDP 逐步提升，因为城市经济增长既有内生结构性因素，也有外部影响，所以很难说首都功能疏解后城市经济情况发展是否与政策实施有关。如表 7－5 所示，从行业真实产值增速来看，北京市工业增速在 2015 年前后存在波动，但在 2017 年后逐步下降，批发和零售业、住宿和餐饮业在 2015 年左右产值增速变动明显。对北京市生产性服务业而言，2015 年后期增速都较快，但政策效应仅持续 1—2 年，2017 年后产值增速呈现下降趋势，仅信息技术服务业和金融业增速较快，2019 年产值增速分别为 12%、9.5%，而交通运输、仓储和邮政业，科学研究和技术服务业产值增速在 2017 年后下降较快，到 2019 年分别为 2.2% 和 6.5%。

表 7－5　　　　　　　　**北京市部分代表性行业真实产值增速**　　　　　　　单位:%

年份	地区生产总值	工业	批发和零售业	交通运输、仓储和邮政业	住宿和餐饮业	信息技术服务业	金融业	科学研究和技术服务业
2010	10.4	14.6	21.5	11.1	15.7	9.8	9.4	8.6
2011	8.1	7.5	9.2	4.7	2.7	23	8.1	7.6
2012	7.7	6.1	3.7	5.3	-0.3	6.9	12.5	7.8
2013	7.7	7.3	5.3	5.6	-2.8	8.9	12.5	11.5

续表

年份	地区生产总值	工业	批发和零售业	交通运输、仓储和邮政业	住宿和餐饮业	信息技术服务业	金融业	科学研究和技术服务业
2014	7.4	5.9	5.4	5.7	-0.5	12.2	13.2	10.3
2015	6.9	0.2	-1.6	2.8	0.5	11.9	18.4	12.4
2016	6.9	4.5	3.0	5.4	0.5	12.3	9.3	8.6
2017	6.8	5.0	7.0	10.9	2.3	13.5	7.7	9.8
2018	6.7	4.0	0.8	5.9	2.2	19	7.6	8.9
2019	6.1	3.0	1.6	2.2	0.3	12	9.5	6.5

资料来源:《北京统计年鉴(2020)》。

根据城市层面的宏观经济数据无法剔除其余影响因素,需要进一步针对政策对象进行定量研究,以获得人口疏解政策的净效应。

八 人口疏解政策与劳动力流动：
基于一个自然实验研究

为促进经济均衡增长和区域协调发展，中国在部分都市圈中心超大城市实施过以功能疏解带动人口疏解的相关政策，如何正确认识劳动力流动趋势和政策干预有效性的准确关系成为影响中国城镇化高质量发展的关键问题。

（一）研究背景

从现实情况来看，尽管学术界对大城市的发展路径选择和是否应该调控超大城市人口的问题①尚存争议，但个别超大城市对人口规模控制和促进人口疏解的相关政策已经实施②。2015年北京通过疏解非首都功能来促

---

① 近年来对是否应对超大城市人口进行调控的相关研究有两类观点，第一，不应当调控。市场经济下价格信号会自动调节并影响流动人口迁移和留居决策（Combes et al.，2012，2019；Brinkman，2016），城市政策部门应降低流动成本，进而形成最优城市人口规模（Albouy et al.，2019）。第二，应当综合施策，避免政策目标单一化。"人口疏解不是城市发展的必经之路"（陆铭，2020），大城市人口调控应遵循城市产业结构发展规律和城市发展规律，以优化城市劳动力供给结构为政策目标，通过相关经济、社会等多种政策来推进城市经济发展适应人口变动，而不应简单以人口规模控制为唯一指标（张车伟等，2016）。

② 以北京市为例，其实从1985年10月10日北京市颁布《关于外地企业和个人来京兴办第三产业的若干规定》开始，北京市逐步放松对流动人口入京就业的限制，但由于人口规模增速过快，北京市在1995年左右开始出台相关管理政策来调控流动人口规模，尤其在历次城市总规中制定人口规模约束性指标，但流动人口规模增长并未因约束性政策而降低，1986年突破1982年版城市总规，1996年又突破1991年版城市总规，2010年进一步突破了2003年版城市总规。

进京津冀协调发展和北京人口总体规模控制[1]，通过疏解一般高消耗产业、区域性物流业基地和专业市场、部分教育、医疗和培训机构、部分行政性、事业性服务机构和企业总部[2]到河北来带动就业岗位转移，进而实现人口疏解。这为研究人口疏解政策是否影响城市劳动力流动提供了一个自然实验事件。2020 年第七次全国人口普查数据表明，中国超大城市人口规模存在增加趋势[3]，如图 8 - 1 所示，2020 年北京常住人口为 2189.31 万人，其中外来流动人口近 841.84 万人，约占全市常住人口的比重为38.5%，较之 2010 年和 2015 年都有较大幅度提高。从数据来看，人口疏解政策似乎并未阻止外来人口流入，这使得政策制定部门和研究者进一步关注 2015 年以来的人口疏解政策对北京市劳动力市场产生了何种影响？为何外来流动人口规模并未受到人口疏解政策的影响？

　　进一步从影响劳动力流动的关键因素来看，集聚效应（Duranton & Puga，2004）引起的城市工资溢价是劳动力向大城市不断流入的主要原因（蔡昉，1995；Combes et al.，2012；Behrens et al.，2014；高虹，2014），城市工资溢价效应对具有较高人力资本的高技能流动劳动力影响更加显著（Combes et al.，2015），中国家庭收入调查数据（CHIP）2002 年、2007年和 2013 年微观数据的实证研究表明城市平均教育年限每增加 1 年，个体小时工资增加 22%（Glaeser & Lu，2018）。与此同时，大城市还通过技能互补效应增进了低技能劳动力的收入水平（Eeckhout et al.，2014；陆铭等，2012），外来流动人口流入也提高了流入城市的本地劳动力工资水平（Combes et al.，2015）。相当多的研究都表明，城市人口规模与生产效率存在相对最优的倒"U"形关系（Behrens et al.，2014；Albouy et al.，

---

① 党的十九大报告明确提出"以疏解北京非首都功能为'牛鼻子'推动京津冀协同发展。"北京人口规模控制指标参见北京市 2017 年 9 月 29 日发布的《北京城市总体规划（2016 年 - 2035年）》。较之以往北京市调控人口政策，2015 年以首都功能疏解带动部分产业疏解和人口流动的政策更具影响性。

② 非首都功能疏解的政策对象参见《京津冀协同发展规划纲要》（2015 年 6 月 9 日）。

③ 根据各城市公布的 2020 年第七次全国人口普查数据，中国超大城市集聚外来流动人口规模逐步增加，2020 年北京、上海、广州、成都分别有外来流动人口 841.84 万人、1047.97 万人、937.88 万人和 845.96 万人。

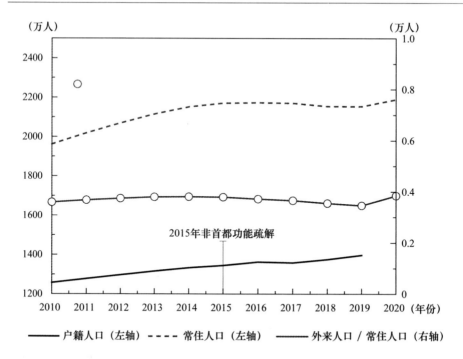

图 8 - 1　2010—2020 年北京市人口规模和外来人口/常住人口变化

资料来源：2010—2019 年数据来自《北京统计年鉴（2020）》，2020 年数据来自北京市第七次全国人口普查公报。

2019），当劳动力无法在城市内实现充分就业时，人口过度持续流入将增加城市集聚成本，引发城市内的拥挤效应（Koster & Rouwendal，2013；Albouy et al.，2019），还会增加城市内的通勤成本（Brinkman，2013）和居住成本（Combes et al.，2019），降低城市宜居水平（Desmet & Rossi - Hansberg，2013）。另外，相关研究还表明，对大城市进行土地限制会造成空间错配，降低城市经济效率（Hsieh & Moretti，2019），那么对人口流入的限制也可能会增加城市的经济集聚成本，但尚无直接经验证据。从实际情况来看，人口大规模流入也对大城市人口治理能力提出了挑战，这进一步引发了国内外学术界对城市发展中人口集聚和平衡的深入思考（张车伟等，2014；潘士远等，2018；Albouy et al.，2019；陆铭，2020）。城市工资溢价效应引起劳动力流入，部分超大城市通过人口疏解政策来促使人口外流，那么劳动力流动是否会受到人口疏解政策的影响？准确回答这一问题需要首先明确究竟如何准确地量化人口疏解政策对劳动力流动的影响，因此，本书主要回应两个基本问题：第一，人口疏解政策与城市工资的关系是否提升了城市工资溢价效应（同样也是增加劳动力雇佣成本）？第二，城市人口疏解政策与劳动力留居意愿的关系是否影响了劳动力的流动决策？具体研究思路如图 8 - 2 所示。

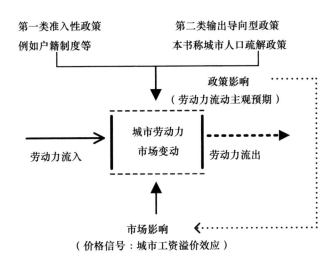

图 8 - 2　城市劳动力市场和劳动力流动

资料来源：笔者根据本文研究思路绘制。

从更广义的视角来看，除经济等市场因素影响外①，引导劳动力流动的具体政策效应大概可归纳为两类：第一类为准入性政策，例如户籍制度、大城市的积分制，与城市户籍绑定的教育、医疗等公共服务和居住成本（购房、租房资格等）是影响外来流动人口的主要制度成本。第二类为输出导向性政策，本书称为城市人口疏解政策，输出导向性政策大多存在

----

① 比较市场和政策影响效果，夏怡然和陆铭（2019）研究表明，历史人力资本空间分布长期地影响城市人口空间分布。从长期角度来看，在市场经济环境下，劳动力将流入人力资本水平更好的城市，尤其是高技能劳动力。

于超大城市（城区常住人口 1000 万人及以上），这类城市集聚过多外来人口，引起的城市管理成本和拥挤效应显著，使城市用水和电力等资源长期压力较大①。与以往的户籍、房屋和就业等人口调控手段不同，以功能调整和区域协调发展为目的的超大城市人口疏解政策更具"导向性"，因而2015 年开始人口疏解政策进入了"新时期"（童玉芬等，2020）。从对中国城市劳动力流动政策的研究文献来看，已有研究大多集中于第一类准入性限制，相关研究涉及了户籍制度与本地劳动力市场影响（蔡昉等，2001）、对城市户籍制度落户门槛的测算（吴开亚等，2010）、户籍制度对劳动力流动和城市规模变化的影响（梁琦等，2013）、户籍落户限制与劳动力回流的关系（张吉鹏等，2020）等，但鲜有研究对第二类的输出导向性政策进行系统定量研究，尤其是对城市内劳动力微观个体。

从已有研究来看，人口疏解政策对城市劳动力市场的影响集中于以下几个方面。

第一，城市人口规模控制效果。王继源等（2015）根据 2020 年北京总体规划人口控制目标和 2012 年北京投入产出表测算了不同产业疏解对就业的影响效果，批发和零售业、制造业是直接转移就业人口的主要影响因素，当转移北京市批发和零售业 10% 的总产值时，直接就业和关联就业规模将分别下降 19.8 万人、4.1 万人，并最终减少 23.9 万就业人口；当转移制造业 10% 的总产值时，直接就业和关联就业规模将分别下降 14 万人、8.2 万人，并最终减少 22.2 万就业人口。为进一步避免内生性问题，童玉芬和宫倩楠（2020）运用三重差分法对 2015 年以来北京市人口调控政策的效果进行定量评估，其主要聚焦研究人口疏解政策与城市常住人口规模的关系，研究表明人口疏解政策与常住人口规模存在显著相关性，降低了 11.6% 城市常住人口，但从北京"七普"数据反映的实际情况来看，

---

① 例如，作为超大城市的上海市在冬季和夏季都用电紧张，如上海市经济和信息化委员会分别在 2020 年 12 月 24 日发布《上海市经济信息化委关于做好 2020 年电力迎峰度冬工作的通知》（沪经信运〔2020〕1112 号）、2021 年 7 月 19 日发布《2021 年上海市迎峰度夏有序用电方案》（沪经信运〔2021〕554 号）。

北京市外来流动人口规模仍然呈增长趋势。

第二，劳动力主观留居意愿。对不同人口疏解政策而言，基于产业疏解政策、住房、居住证等的人口疏解政策都将增加流动人口再迁移的可能性（胡磊、侯梦洁，2016）。CMDS数据研究表明，不同户籍地的流动人口对人口疏解政策的影响效果不一致，上海、南京、重庆、武汉等地流动人口更受人口疏解政策影响，但京津冀地区流动人口影响效果并不明显（冯虹等，2019），相关研究也表明从事批发和零售业，文化、体育和娱乐业，卫生和社会工作，教育等行业的流动人口更愿意定居北京（侯慧丽，2016），而这些产业是非首都功能的主要疏解对象，因而产业疏解可能无法直接带动人口疏解，但已有研究尚缺乏直接证据。

第三，人口疏解政策可能会促使劳动力在产业跨部门流动。从流动人口个体的调查问卷进一步表明，流动人口留京意愿非常高，54.3%的调查样本都表示仍将留在北京，尤其是从事批发和零售业的流动人口，"以业控人""以房管人""以学控人"等疏解政策的效果不能被高估（李程伟等，2017）。冯永恒等（2020）以手机信令数据研究为依据，认为北京动物园批发市场的疏解促使原批发市场就业者全部撤离，绝大部分离开北京，但也有部分原动物园批发市场就业者在北京市内重新聚集，研究进一步表明电商网络兴起和产业承接地的成熟度对疏解效果有较大影响。但尚未有定量研究提供人口疏解政策促使劳动力微观个体在城市产业部门间转移的经验证据。

与已有研究不同，本书进一步聚焦微观流动个体和城市，利用2011—2018年CMDS数据，将流动人口个体匹配至274个地级市和直辖市层面，以2015年北京首都功能疏解作为政策变量，定量研究了输出导向性政策对城市外来劳动力的影响，本书为量化人口疏解政策对城市外来流动人口的影响提供了直接的经验证据。

本章后续结构安排如下，第二部分为研究设计，主要对计量模型及识别策略进行设定，同时也对数据来源和变量指标选取进行说明。第三部分为采用双重差分进行的基本回归分析，并对内生性问题和结论的稳健性展开讨论。作为劳动力市场的价格信号，工资对劳动力流动影响较大，第四部分进一步采用模糊断点分析策略识别了相对工资收入对流动人口主观留居意愿的影响。考虑个体差异性，第五部分进行了异质性分析。第六部分进一步采用三重差分策略对所谓"疏解低技能人口"和"以产业带动人口疏解"两个现实性问题进行了回应。第七部分总结了主要结论和政策启示。

（二）研究设计

1. 计量模型

为了更好地解决内生性问题和准确判定人口疏解政策对劳动力市场影响的因果关系，本书采用双重差分（DID）的识别策略（Angrist & Pischke，2010）。政策冲击对经济主体的影响是外生的，DID 通过控制政策影响的处理组（Treat Group）和政策未影响的对照组（Control Group）来识别因果关系，能够得到政策实施后的净处理效应。DID 识别策略的关键是要找准能够清楚划分的政策冲击对象 *treat* 及政策干预时点 *post*。

对流动人口个体而言，本书选取北京的流动人口作为处理组（当 *city* 为北京时，则处理组政策虚拟变量 *populationtreat* = 1），由于上海和广州也都采取过类似的人口疏解政策，但时点存在变化，为保持统一性，故基准回归中对照组的政策处理变量暂为不包含上海和广州的其余城市的流动人口（*populationtreat* = 0）。对政策干预时点而言，人口疏解政策在 2011—2018 年是单时点事件，本书将 2015 年作为非首都功能疏解①引起人口疏解政策效应的起始年，则政策干预时点的虚拟变量为 *yearpost*，当 *year* <

---

① 习近平总书记 2014 年 2 月 16 日在北京市考察工作时指出，"要明确城市战略定位，坚持和强化首都全国'政治中心、文化中心、国际交往中心、科技创新中心'的首都核心功能"（非首都功能指与"四个中心"不相符的城市功能）。2015 年 2 月 10 日，疏解北京非首都功能在中央财经领导小组第九次会议上进一步明确，旨在通过疏解北京非首都功能来实现北京人口规模控制，2015 年 4 月 30 日中共中央政治局审议通过了《京津冀协同发展规划纲要》，相关政策表明促进京津冀协调发展的关键在于疏解非首都功能。

2015，则 $yearpost = 0$；当 $year \geqslant 2015$，则 $yearpost = 1$。

在考虑 DID 识别策略的基础上，本书计量检验模型设定如下：第一，分别考虑处理组工资和留居意愿受人口疏解政策的影响，模型 1 如式 (8-1) 所示；第二，考虑城市工资溢价对劳动力流入的集聚效应，在模型 1 的基础上进一步将工资作为核心解释变量引入 DID 模型，模型 2 如式 (8-2) 所示。

$$\left.\begin{array}{l} \ln(wage_{cit}) \\ city\_yes_{cit} \end{array}\right\} = \begin{array}{l} \beta_0 + \beta_1 populationtreat_c \times yearpost_t + \beta_2 populationtreat_c \\ + \beta_3 yearpost_t + \chi city_c + \varphi X_i + \delta_c + \gamma_i + \varepsilon_{cit} \end{array}$$

$$(8-1)$$

$$city\_yes_{cit}(0 \mid 1) = \beta_0 + \beta_1 populationtreat_c \times yearpost_t$$
$$+ \beta_2 populationtreat_c + \beta_3 yearpost_t + wage_{cit} + \chi city_c + \varphi X_i + \delta_c + \gamma_i + \varepsilon_{cit}$$

$$(8-2)$$

其中，yes_{cit} 为被解释变量，为进一步衡量劳动力流动的主观意愿是否受到政策影响，本书还将流动人口在流入地城市的留居意愿 $city\_yes_{cit}$ 作为被解释变量，$city\_yes_{cit}$ 为 0—1 二值选择变量，本书设定如下，当流动人口预期下一年选择继续在流入地城市时，则 $city\_yes_{cit} = 1$，反之 $city\_yes_{cit} = 0$。β_0 为常数项，β_1—β_3 为政策干预变量系数，其中 β_1 为净效应，β_2 为城市处理组系数，β_3 为时间处理组系数。χ 为城市 c 控制变量的回归系数，$city_c$ 为城市特征控制变量，X_i 为流动人口 i 特征控制变量，φ 为流动个体控制变量的回归系数，ε_{cit} 为误差项，δ_i、γ_t 分别为城市和时间固定效应。

第三，考虑劳动力流动受城市工资溢价效应的影响，本书进一步引入流动人口工资作为解释变量，将城市 c 中流动人口 i 在第 t 年的名义工资 $wage_{cit}$ 的对数值和流动人口所在家庭的每月净收入 $family\_net\_income_{cit}$（家庭总收入减家庭总支出）作为工资收入指标。考虑到结论稳健性，本文还在后续稳健性检验中引入流动人口在流入地城市的相对收入水平 $relative\_income_{cit}$ 的对数值作为工资替换变量。

对政策冲击效应而言，假设存在人口疏解政策效应，对于控制组城市

（北京市）而言，城市工资水平 $wage_{cit}$ 受政策冲击影响的净效应为 $\beta_1 + \beta_3$。而对于对照组城市（剔除上海和广州的其余地级市及以上城市）的净效益为 β_3，则人口疏解政策对城市工资溢价影响的净效应为 β_1，β_2 和 β_3 分别为城市处理效应和时间处理效应系数，β_0 为常数项，如表 8 - 1 所示。

表 8 - 1　　　　　　　　　人口疏解政策影响效应分解

类别	政策实施前	政策实施后	净效应 Difference
处理组（北京市）	$\beta_0 + \beta_2$	$\beta_0 + \beta_1 + \beta_2 + \beta_3$	$\beta_1 + \beta_3$
控制组（剔除广州和上海的其余城市）	β_0	$\beta_0 + \beta_3$	β_3
差分（Difference）	β_2	$\beta_1 + \beta_2$	β_1（DID）

2. 数据与变量

本书利用 2011—2018 年中国流动人口微观个体数据和城市数据构建了一个基于地级市层面的流动人口数据库，并根据国家统计局公布的"统计用区划和城乡划分代码"（国家统计局，2020）将流动人口样本匹配至地级市及直辖市层面。

（1）数据来源

流动人口微观数据来自国家卫生健康委提供的中国流动人口动态监测调查（China Migrants Dynamic Survey，简称 CMDS）[①] 数据，CMDS 数据是国家卫生健康委自 2009 年起的大规模全国性流动人口抽样调查数据，覆盖全国 31 个省（区、市）中流动人口较为集中的流入地，内容涉及流动人口及家庭成员人口基本信息、流动范围和趋向、就业和社会保障、收支和居住、基本公共卫生服务等，每年流动人口样本量都较大，这为准确地量化人口疏解政策影响劳动力流动提供了数据支撑，也增加了研究结论的一般性。CMDS 数据样板涵盖了全国层面和北京非首都功能疏解的政策起

[①] 资料来源：国家卫健委流动人口服务中心流动人口数据平台，https://chinaldrk.org.cn/wjw/#/home。

始年份，考虑数据样本连续性和政策影响年份，本书选取了 2011—2018 年 CMDS 数据。为进一步聚焦劳动力研究对象，本书选取了 15—65 岁流动人口样本。城市数据来自相关年份《中国城市统计年鉴》。

（2）变量选择

被解释变量是劳动力迁移决策，为准确量化人口疏解政策对流动人口是否再流动的政策影响，本书将流动人口的留居意愿 $city\_yes_{cit}$ 作为被解释变量①，将问卷中个体样本选择"继续留在流入地城市"的被解释变量 $city\_yes_{cit}$ 定义为 1，对选择"否"或"没想好"的样本而言，$city\_yes_{cit}$ 值则都定义为 0。人口疏解政策变量如前所述。另外，工资收入是反映城市劳动力市场活跃程度的重要控制变量，本书模型 1 的解释变量和模型 2 的控制变量为流动人口的名义工资或收入 $wage_i$、家庭净收入 $family\_net\_income_i$，由于 CMDS 中流动人口身份有雇员和雇主，经商和务工存在收入波动，故其工资和收入会存在负数。家庭净收入为流动人口所在家庭总收入减去总支出。为进一步衡量流动人口在流入地城市的工资水平，同时考虑不同年份 GDP 折减系数影响，本章在稳健性检验中还采用了流动人口在流入地城市的相对收入 $relative\_income_{ci}$ 作为补充变量，其值为流动人口 $wage_i$ 与流入地城市的城镇平均工资 $ywage_c$ 的比值，即 $relative\_income_{ci} = wage_i / ywage_c$，城市城镇平均劳动力就业工资数据来自相关年份《中国城市统计年鉴》，其值为年工资，本章将其除以 12 求得城市的城镇平均月工资。为了减少工资变量差异和降低异方差干扰，本书在实证研究中均取对数。

---

① 由于 2011 年 CMDS 数据并无直接对流动人口留居意愿的提问，笔者采用折中方式处理，将流动人口在流入地城市的社会融入感受作为 2011 年留居意愿被解释变量的替代值，对第 500 个中第 1—2 个问题"我喜欢我现在居住的城市"（Q5101）、"我关注我现在居住城市的变化"（Q5102）中回答"完全同意"时，则认为该流动人口个体愿在未来一年继续留在该城市。由于 CMDS 社会融入调查并非每年都有，笔者对 2012 年、2014 年和 2017 年 CMDS 数据对比验证发现，这样的处理方式还是误差较大（流动人口个体的主观留居意愿误差可能自身也较大），仅 2012 年选择留居意愿为 1 的样本数和该种处理方式接近，2017 年误差则较大。为进一步利用 2011 年样本数据，笔者在基本回归中仍然采用了这样的处理方式，但在稳健性分析中使用 2012—2017 年数据进行验证，因此样本数会有变化。

　　对控制变量选取而言，本章尽量遵循外生原则，选择流动人口的年龄 age_i、性别 $gender_i$、教育年限 edu_i 等作为流动人口个体特征的控制变量，同时考虑流动人口在流入地可能受到户籍门槛限制（张吉鹏等，2020），本章也对流动人口的户籍 $hukou_i$ 进行控制。为进一步控制城市层面特征变量，考虑到城市内部产业和外部经济环境因素，由于常住人口规模较高的城市，其人均 GDP 也较高，故本章将城市常住人口规模 L_c 作为城市控制变量。考虑到城市经济发展和产业结构紧密相关，本章也将城市产业结构 $indus_c$ 作为城市层面控制变量。另外，考虑到工资溢价还与经济波动等宏观背景紧密相关，本章也进一步引入城市 GDP 增速 $gdpr_c$ 作为反映城市经济受外部经济因素影响的变量。此外，为避免可能遗失变量的不利影响，本章在回归检验中还通过设置城市和年份的虚拟变量 $i.city$ 和 $i.year$（$dummy$ $variable$）来控制城市和时间固定效应。本章变量描述性统计值见表 8－2。

表 8－2　　　　　　　　　　　　　**变量描述性统计**

	变量指标	单位	最大值	最小值	均值	标准差	变异系数
被解释变量	留居意愿 $city\_yes_i$	是/否	1	0	0.561	0.496	0.885
流动人口个体控制变量	工资 $wage_i$	元/月	1500000	－600000	3743.145	4042.648	1.008
	家庭净收入 $family\_net\_income_{ci}$	元/月	5950002	－144999.900	2958.755	7499.481	2.535
	流入地相对工资 $relative\_income_{ci}$	相对值	268.830	－92.745	0.731	0.754	1.032
	年龄 age_{ci}	岁	65	15	34.683	9.786	0.282
	性别 $gender_{ci}$	男1/女0	1	0	0.536	0.499	0.930
	户籍 $hukou_{ci}$	农村1/城市0	1	0	0.848	0.359	0.423
	教育年限 edu_{ci}	年	19	0	9.998	3.156	0.316
	婚姻 ma_cr_i	已婚1/未婚0	1	0	0.807	0.394	0.488
	平均累计流动时间 $duration_{ci}$	年	22.100	1.725	7.590	2.230	0.294
	随迁家庭 $familysize_{ci}$	人数	10	1	2.531	1.194	0.471

续表

	变量指标	单位	最大值	最小值	均值	标准差	变异系数
城市控制变量	产业结构 $indus_c$	Y_3/Y_2比值	19.214	0.204	1.259	0.916	0.728
	城镇平均年工资 $ywage_c$	元/年	320626.300	19176.070	52623.290	16745.920	0.318
	城市常住人口 L_c	万人	3088.467	23.250	454.000	341.560	0.752
	城市户籍人口 N_c	万人	3404.000	19.500	454.890	319.500	0.702
	经济增速 $city\_gdpr_c$	%	23.960	-15.950	9.052	3.113	0.344

注：经笔者整理后 2011—2018 年流动人口个体观测值为 1229928 人，部分指标存在缺失值，故后续回归结果样本数存在变化。另外，由于流动人口有雇主和雇员，流动人口工资和收入存在负数。城市数据年份也为 2011—2018 年，对于相关年份《中国城市统计年鉴》中的缺失值，笔者通过查找各城市历年国民经济公报补齐。

3. DID 初步平行趋势检验

双重差分法估计结果无偏的前提是处理组和对照组间应满足平行趋势假定（Common Trend），为保证 DID 估计有效性，均需验证人口疏解政策实施前后处理组和控制组内被解释变量的平行趋势。从流动人口平均工资来看，2015 年前处理组和对照组大致保持相同增长趋势，而在 2015 年后增长趋势存在明显变化，尤其是 2015—2016 年。从流动人口留居意愿来看，处理组和控制组变化不能很明显地看出，但也能发现 2015 年前处理组和控制组变化基本一致，2011—2013 年流动人口留居意愿下降，从 2014 年开始流动人口留居意愿上升，2016 年开始处理组留居意愿增幅低于控制组，但在 2017 年开始增高。另外，流动人口每月平均家庭净收入和流动人口相对流入地工资水平的平行趋势检验也大概呈现类似规律。具体见图 8-3、图 8-4。

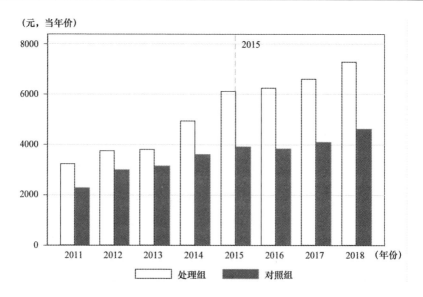

图 8 - 3　平行趋势初步检验 1：流动人口平均工资

资料来源：笔记根据 CMDS 数据计算得出。

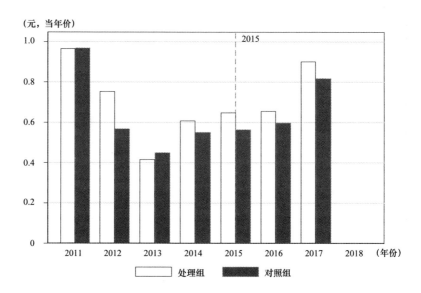

图 8 - 4　平行趋势初步检验 2：流动人口留居意愿

注：2011 年、2018 年 CMDS 数据中没有流动人口的留居意愿，考虑数据样本使用和政策时点前后数据年份对应，本书仅对 2011 年 CMDS 数据在基本回归中采用了假定处理，详见指标部分介绍。

资料来源：笔者根据 2011—2018 年 CMDS 数据计算得出。

（三）实证分析基本结果

1. 政策效应分析

对人口疏解政策效应的检验分为三个部分：第一，根据模型1，采用DID策略对流动人口的工资和留居意愿［式（8-1）］进行检验；第二，依据模型2，仍然采用DID识别策略将工资效应作为被解释变量代入模型1进行检验，探讨工资溢价效应和政策冲击是否能影响人口流动留居意愿；第三，为检验结论的稳健性，本章采用事件研究法和安慰剂检验进一步讨论了内生性问题，并展开了稳健性检验，用以排除可能存在的估计偏误。

（1）工资溢价效应

本章首先识别流动人口工资水平是否受到人口疏解政策的影响，对被解释变量分别采用了流动人口就业名义工资和流动人口家庭净收入（每月总收入减去每月总支出），如表8-3所示，本章对城市和流动人口个体特征控制变量分别进行控制，如"回归1"和"回归2"及"回归5"和"回归6"，同时进一步分别控制城市和时间固定效应，如"回归3"和"回归4"及"回归5"和"回归6"。基本回归检验结果表明，无论是否控制城市和时间固定效应，是否引入城市和流动个体样本的控制变量，在1%置信水平下人口疏解政策与流动人口工资收入都存在因果关系，估计结果都较为一致，即人口疏解政策提高了北京市内流动人口就业工资水平。考虑个体异质性因素和宏观层面波动效应，本章的基本回归以双向固定效应检验结果为准，如"回归5"和"回归6"，对于名义工资而言，人口疏解政策反而提高了疏解城市内流动人口名义工资水平14%，而当采用流动人口家庭净收入衡量工资效应，人口疏解政策也提高了流动人口家庭净收入增幅约15.4%。从基本回归检验结果来看，在超大城市实施人口疏解政策可能反而提高了外来流动人口的劳动力雇佣成本，由于城市工资溢价将进一步集聚不同技能水平劳动力流动（Behrens et al.，2014；Combes et al.，2015），而这种工资上升的价格信号可能会进一步引发人口集聚。

表 8 - 3　　　　　　　　基本回归结果：流动个体层面（混合 OLS）

变量	回归 1	回归 2	回归 3	回归 4	回归 5	回归 6
	ln ($wage_{cit}$)	ln ($family\_net\_income_i$)	ln ($wage_{cit}$)	ln ($family\_net\_income_i$)	ln ($wage_{cit}$)	ln ($family\_net\_income_i$)
yearpost	0.251 *** (217.84)	0.582 *** (173.19)	0.243 *** (204.01)	0.258 *** (151.72)	0.629 *** (213.38)	0.561 *** (156.05)
populationtreat	0.224 *** (54.22)	0.506 *** (13.50)	0.105 *** (24.59)	0.306 *** (49.96)	0.173 *** (26.75)	0.424 *** (46.81)
populationtreat × *yearpost*	0.162 *** (26.86)	0.165 *** (22.58)	0.135 *** (26.24)	0.160 *** (21.56)	0.140 *** (28.24)	0.154 *** (21.50)
常数项	7.898 *** (9860.24)	7.127 *** (191.86)	7.381 *** (1650.97)	6.847 *** (1074.60)	7.135 *** (1 002.35)	6.467 *** (663.31)
城市控制变量	无	无	控制	控制	控制	控制
个体控制变量	无	无	控制	控制	控制	控制
城市固定效应	控制	控制	无	无	控制	控制
时间固定效应	控制	控制	无	无	控制	控制
样本数 N	1001760	1181059	883681	1036407	883681	1036407
调整 R^2	0.061	0.1114	0.1724	0.0892	0.238	0.1659

注：括号中数值为 t 检验值，＊＊＊表示在 1% 的显著性水平下的显著。为节约篇幅，本书将常数项和控制变量估计结果省略，后续同此说明，感兴趣读者可来信索取结果完整版。

资料来源：笔者根据 2011—2018 年 CMDS 数据计算得出。

（2）流动人口留居意愿

对流动人口个体的主观留居意愿而言，本章首先不考虑工资变量影响来检验人口疏解政策对流动人口留居意愿影响，如表 8 - 4 的"回归 7"至"回归 10"，其中"回归 7"和"回归 9"是人口疏解政策对留居意愿影响的平均边际效应，"回归 8"和"回归 10"则是似然比（odds ratio）[①]，结果研究表明人

---

① 平均边际效应（dy/dx）表示了解释变量变化 1 单位对被解释变量的影响，而似然比（odds ratio）则表示了解释变量变化 1 单位对人口迁移决策选择方案概率影响值，二者本质上相同，可比照分析，当几率比系数小于 1 时，则表明 dy/dx 系数为负。

口疏解政策在 1% 置信水平下降低了流动人口的主观留居意愿，在控制城市和时间固定效应和其余控制变量条件下，人口疏解政策降低了流动人口 12.45% 预期留居意愿，如"回归 9"和"回归 10"。进一步参照本章模型 2，如式（8－2）所示，在同时保持控制变量不变和控制城市、时间固定效应条件下，总体来看，人口疏解政策仍在 1% 置信水平下降低了 10.68% 流动人口的主观留居意愿，在考虑工资收入条件下，如"回归 11"，工资水平对流动人口留居意愿是显著正向效应，即尽管人口疏解政策降低了留居意愿，但流动人口仍然受到工资效应的正向影响，从似然比结果进一步来看，工资效应每提高 1 个对数单位，增加流动人口留居意愿 21.84%，大于人口疏解政策负向影响（10.68%），仍有 11.63% 正向净效应，总体来看，这意味着人口疏解政策可能无法降低城市工资收入集聚人口的正向效应。

从实际情况来看，北京"七普"人口数据表明 2020 年外来流动人口规模为 841.84 万人，较之 2019 年呈现增长趋势。北京通过功能调整促使一般制造业和物流业向外疏解以带动相关就业人员转移至河北，但流动人口就业可能转向城市其他部门，这与调研结果也较为吻合（李程伟等，2017），本章将在后续进一步分析。

表 8－4　　　　　基本回归结果：流动个体留居意愿（Logit 回归）

city_ yes	回归 7		回归 8		回归 9		回归 10		回归 11		回归 12
	dy/dx	*odds ratio*	*dy/dx*	*odds ratio*	*dy/dx*	*odds ratio*					
yearpost	− 0.313 ***	0.1454 ***	− 0.335 ***	0.1100 ***	− 0.3627 ***	0.0979 ***					
	（− 106.14）	（− 105.40）	（− 98.09）	（− 97.16）	（− 80.55）	（− 79.77）					
populationtreat	0.112 ***	1.995 ***	− 0.00201	0.9869	− 0.01472	0.9100					
	（6.31）	（6.31）	（− 0.11）	（− 0.11）	（− 0.69）	（− 0.69）					
populationtreat × *yearpost*	− 0.0125 ***	0.9260 ***	− 0.0202 ***	0.8755 ***	− 0.0176 ***	0.8932 ***					
	（− 3.19）	（− 3.19）	（− 5.21）	（− 5.21）	（− 4.06）	（− 4.06）					
ln（*wage*）	—	—	—	—	0.0308 ***	1.2184 ***					
	—	—	—	—	（34.79）	（34.68）					
城市控制变量	无	无	控制	控制	控制	控制					
个体控制变量	无	无	控制	控制	控制	控制					
城市固定效应	控制	控制	控制	控制	控制	控制					

city_ yes	回归7	回归8	回归9	回归10	回归11	回归12
	dy/dx	odds ratio	dy/dx	odds ratio	dy/dx	odds ratio
时间固定效应	控制	控制	控制	控制	控制	控制
LR Chi^2	456930.76	456930.76	437276.17	437276.17	350741.26	350741.26
样本数 N	1093724	1093724	939138	939138	767909	767909
Pseudo R^2	0.3046	0.3046	0.3400	0.3400	0.3307	0.3307

注：＊＊＊表示在1%的显著性水平下显著。限于篇幅，仅汇报了边际效应和似然比，dy/dx 为平均边际效应，odd ratio 为似然比，括号中数值为 z 检验值。

2. 内生性检验

（1）进一步平行趋势检验：事件研究法

由于图形观察法仍可能存在因人而异的主观误差等问题，为进一步准确测度平行趋势检验，参考 Jacobson 等（1993）和已有研究（张国建等，2019），本章采用事件研究法（Event Study Approach）进行定量检验。事件研究法的基本原理为进一步构建虚拟年份与处理组虚拟变量的交互项，并对这些交互项作为解释变量进行回归，如式（8-2）所示，当政策前续时点的虚拟变量与处理组虚拟变量的交互系数不显著或系数值在政策时点前后存在相反趋势变化时，则表明在人口疏解政策实施前，处理组和控制组中被解释变量是符合平行趋势假定的。

$$y_{cit} = \sum_{\Delta t=-q}^{-1} \rho_t populationtreat_c + \sum_{\Delta t=0}^{m} \theta_t populationtreat_c$$
$$+ \{city_c, X_i\} + \lambda_t + \varepsilon_{cit} \tag{8-3}$$

式（8-3）中，$populationtreat_c$ 为政策前后若干期的政策处理虚拟变量，可用于检验平行趋势是否成立，也可估计政策实施每一期效果，λ_t 为时间固定效应，ρ_t 为政策实施前影响系数，其用于检验平行趋势检验是否成立，当其不显著时，则平行趋势检验成立；θ_t 为政策实行后每一期政策效应，其显著则表明政策效应存在。如前所述，y_{cit} 为被解释变量，$\{city_c, X_i\}$ 为城市 c 和流动人口个体 i 的控制变量及其系数简写式，其余变量含义同前所述。

为避免多重共线性，以政策时点前的第 1 期（2014 年）作为基准组，对流动人口工资和留居意愿进行检验，图 8-5 和图 8-6 绘制了 95% 置信水平下变量系数估计结果，研究表明 2015 年前工资效应系数存在降低趋势，但 2015 年后工资系数逐步增加，存在显著变化，但 2015 年后两期系数逐步下降向零靠近，这意味着 2015 年政策时点后工资效应存在增加，但随着样本年份持续，2016 年后流动人口的工资效应增幅逐步下降。进一步从系数统计显著性来看，2015 年前的 2012 年和 2013 年流动人口的工资在统计意义上是显著的，2015 年后流动人口工资存在政策冲击影响，这进一步说明处理组北京的流动人口工资水平在 2015 年前就高于其他城市，2015 年实施人口疏解政策后进一步提高了流动人口的工资水平。为进行验证，本章提取了 2011—2018 年 CMDS 数据计算了流动人口平均工资水平，如表 8-5 所示，可见 2015 年处理组北京市内流动人口平均工资高于 2015 年前工资差值水平。

从流动人口的留居意愿的事件研究法检验结果来看，如图 8-6 所示，2015 年前人口流动主观意愿存在变化，但 2013 年留居意愿已不显著，而且 2015 年后第 1 期（2016 年）的留居意愿系数很快趋近于零，同时 2017 年系数逐步远离零，这表明本章处理组和控制组可以比较；另外，2017 年系数显著非零，这意味着从留居主观意愿来看，人口疏解政策存在短期效应，检验结果仅显示在 2015—2016 年降低了流动人口留居意愿，2017 年人口留居意愿受人口疏解政策的影响逐步增大。

表 8-5　　　　　　　　　**处理组流动人口平均工资对比**　　　　单位：元，当年价

年份	2011	2012	2013	2014	2015	2016	2017	2018
全国层面	2333.85	3046.36	3192.04	3683.08	4016.32	3951.48	4228.01	4775.23
北京	3251.19	3764.81	3820.64	4956.32	6128.74	6259.11	6615.60	7298.95
差值	917.34	718.45	628.60	1273.24	2112.42	2307.62	2387.59	2523.72

资料来源：笔者根据 2011—2018 年 CMDS 数据计算得出。

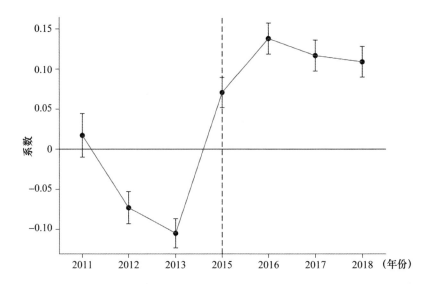

图 8 - 5　双重差分 DID 动态效应（95% 置信水平）：流动人口工资

资料来源：笔者根据匹配至城市层面的 CMDS 数据计算得出。

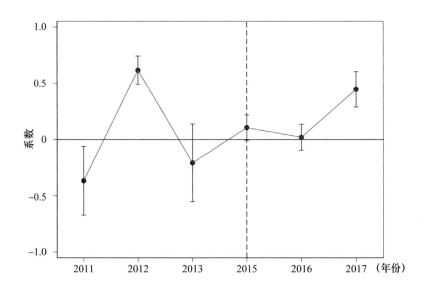

图 8 - 6　双重差分 DID 动态效应（95% 置信水平）：流动人口留居意愿

资料来源：笔者根据匹配至城市层面的 CMDS 数据计算得出。

（2）安慰剂检验

为排除其他因素或其他非观测变量影响研究结论，本章将进一步采用安慰剂检验（Placebo Test）校对研究结论有效性。安慰剂检验通常采用虚构随机处理组和虚构政策实施时间两类，由于 CMDS 微观个体数据并非追踪数据，无法满足通过改变政策实施时点来进行验证逻辑，故本章选择采用虚构随机处理组来进行安慰剂检验。

参考张国建等（2019）已有研究的处理标准经验，本章采用虚构随机处理组来进行安慰剂检验。在全样本中随机选取 274 个地级市中（除北京、上海和广州外）的任意一个城市作为处理组来进行间接检验，为这些被假设随机选择的处理组城市生成"伪处理组"的政策变量，其余城市则为相对应的随机控制组，DID 估计系数如式（8 - 4），在控制变量不变的前提下，当 DID 为无偏时，则 η 为 0，当 DID 政策变量不显著时，则可反推 η 为 0。式（8 - 4）中，$city_c$ 和 X_i 分别为城市 c 和流动人口个体 i 特征控制变量。

$$\hat{\beta}_1 = \beta_1 + \eta \frac{cov(populationtreat_c \times yearpost_t, \varepsilon_{cit} \mid city_c, X_i)}{var(populationtreat_c \times yearpost_t \mid city_c, X_i)} \qquad (8 - 4)$$

参考已有研究标准做法，本章将这个随机过程重复进行了 500 次，使用表 8 - 3 中"回归 5"和表 8 - 4 中"回归 9"作为基准回归，同时控制了流动个体和城市控制变量，图 8 - 7 和图 8 - 8 为估计系数的概率核密度分布图，可见随机分配的估计值集中在零附近（标准差分别为 0.0037、0.0175）；同时，安慰剂检验系数与表 8 - 3 "回归 5"的基准回归处理组 DID 系数为 0.140、表 8 - 4 中"回归 9"的系数（ - 0.0202）相互对比（限于篇幅，表 8 - 4 仅给出了 dy/dx 和似然比），安慰剂检验的系数值都位于"伪处理组"系数分布之外，都远离真实的基准估计值，因此，可以由此反推不存在其他随机性和不可观测因素的显著影响。

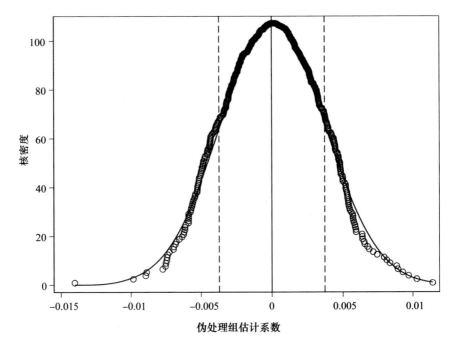

图 8 - 7　安慰剂检验 - 随机选择处理组（一）：流动人口工资

资料来源：笔者根据匹配至城市层面的 CMDS 数据计算得出。

（三）进一步稳健性检验

为进一步验证研究结论的稳健性，本章还通过替换被解释变量，考虑城市经济波动和 2011 年留居意愿处理偏误进行若干项稳健性检验，在此基础上，还利用三重差分对人口疏解政策处理净效应进行补充识别。

（1）对被解释变量替换指标

流动人口通常会选择流入名义工资或实际净收入水平较高的城市（Behrens et al. , 2014），当城市内流动人口工资与本城市平均工资相比较时，其相对值越高，则表明流动人口的实际收入水平也越高。本章将模型 1 的被解释变量替换为流动人口的相对工资收入，即流动人口工资与所在地城市平均工资的比值，如表 8 - 6 中"回归 13"所示，可见人口疏解政

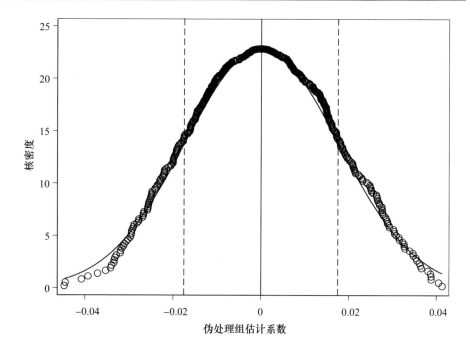

图 8 - 8　安慰剂检验 - 随机选择处理组（二）：流动人口留居意愿

注：为节约计算时间，对流动人口留居意愿安慰剂检验仅为系数，而非边际效应 dy/dx。

资料来源：笔者根据匹配至城市层面的 CMDS 数据计算得出。

策仍然提高了劳动力工资收入相对水平。

（2）考虑外部经济波动影响

城市经济增长引起工资收入提高和流动人口流入，考虑宏观经济波动情况，本章进一步剔除流入地城市 GDP 增长为负的流动人口样本，仅保留流入地城市 GDP 增长为正的个体样本，并将此类样本中除北京外的城市制定为新的对照组进行 DID 回归，同时控制城市和流动人口特征变量以及双边固定效应，回归结果为表 8 - 6 中"回归 14"和"回归 15"，可见无论采用名义工资，还是采用家庭净收入，人口疏解政策都导致了流动人口收入水平的提升。另外，本章还进一步利用模型 2 探讨了新对照组情况下人口疏解政策对流动人口留居意愿的影响，如表 8 - 6 中"回归 16"所示，可见研究结论与基本回归结果是保持一致的。

（3）考虑 2011 年主观留居意愿处理偏误

由于 2011 年 CMDS 并无直接对流动人口留居意愿的提问，本章在处理 2011 年数据时以流动人口在流入地城市的主观社会融入感受来替代，考虑流动人口主观差异，本章处理 2011 年 CMDS 流动人口留居意愿 $city\_yes_i$ 可能存在误差，故剔除了 2011 年样本，仅考虑 2012—2017 年，如表 8－6 中"回归 17"和"回归 18"，可见与基本回归中表 8－3 中"回归 5"、表 8－4 中"回归 7"的检验结果相比，回归系数相差不大，且均显著，这表明本章对 2011 年 CMDS 数据的处理方式并不会影响研究结论。

表 8－6　　稳健性检验（一）：替换变量法、考虑经济波动和主观意愿处理偏误

变量	回归 13：替换被解释变量	回归 14：剔除 GDP 为负	回归 15：剔除 GDP 为负	回归 16：剔除 GDP 为负	回归 17：去除 2011 年	回归 18：去除 2011 年
	$\ln(relative\_income_{ci})$	$\ln(wage_{cit})$	$\ln(family\_net\_income_i)$	$city\_yes$：odds ratio	$\ln(wage_{cit})$	$city\_yes$：odds ratio
yearpost	－ 0. 052 *** （－ 17. 54）	0. 647 *** （196. 56）	0. 588 *** （141. 88）	0. 1111 *** （－ 100. 81）	0. 481 *** （160. 09）	3. 3632 *** （100. 78）
populationtreat	－ 0. 360 *** （－ 55. 58）	0. 183 *** （28. 08）	0. 439 *** （48. 09）	1. 1893 *** （5. 44）	0. 205 *** （28. 64）	1. 2161 *** （6. 07）
populationtreat × yearpost	0. 141 *** （28. 41）	0. 136 *** （27. 51）	0. 147 *** （20. 59）	0. 8759 *** （－ 5. 19）	0. 141 *** （27. 45）	0. 8557 *** （－ 6. 04）
城市控制变量	控制	控制	控制	控制	控制	控制
个体控制变量	控制	控制	控制	控制	控制	控制
城市固定效应	控制	控制	控制	控制	控制	控制
时间固定效应	控制	控制	控制	控制	控制	控制
样本数 N	882717	870350	1020797	939138	823601	838458
调整 R^2	0. 1910	0. 2393	0. 1669	0. 3400	0. 2173	0. 2925

注：＊＊＊表示在 1% 的显著性水平下显著。为节约篇幅，去除了常数项和控制变量的回归结果。

（4）三重差分（DDD）

为完全避免 DID 对平行趋势假设的严格限制，进一步剔除由于时间趋

势不同可能引发的估计偏误，同时考虑可能遗漏变量和其余不确定性外部因素，参考童玉芬等（2020），本章进一步采用三重差分（Difference-in-Differences-in-Differences，简称 DDD）方法对城市流动人口就业工资等被解释变量进行回归检验。DDD 需要构建不受人口疏解政策影响的"新处理组"和"新对照组"，考虑集聚较大规模外来流动人口的超大和特大城市多为直辖市和省会城市，故本章构造新的处理分组变量 *provincecapital*，当流动人口所在流入城市为省会城市时，则为"新处理组"，取 *provincecapital* = 1，而其余流动人口所在城市为"新对照组"，即取 *provincecapital* = 0，则三重差分 DDD 识别模型为式（8 – 5），其中，β_1^* 为三重差分估计量，即人口疏解政策的 DDD 平均处理效应。

$$y_{cit} = \beta_0^* + \beta_1^* populationytreat_c \times yearpost_t \times provincecapital_c$$
$$+ \beta_2^* populationytreat_c \times yearpost_t + \beta_3^* yearpost_t \times provincecapital_c$$
$$+ \chi city_c + \varphi X_i + \delta_c + \gamma_i + \varepsilon_{cit}$$

$$(8 – 5)$$

DDD 回归结果如表 8 – 7 所示，可见 DDD 回归结果与基本回归结论保持一致，即人口疏解政策提升了流入地的流动人口就业的名义工资收入和家庭净收入；从留居意愿进一步分析，在控制省会城市属性和考虑固定效应及特征变量后，如表 8 – 7 中"回归 23"所示，人口疏解政策会对流动人口的主观留居意愿产生负向效应，降低 17.84% 的主观留居倾向，但名义工资收入提升会提高留居意愿 21.80%，抵消人口疏解政策引起负向效应，这表明即便中心城市实施人口疏解政策，由于城市工资溢价效应，仍会增加 3.96% 的净留居意愿。

表 8 – 7　　　　　　　　稳健性检验（二）：三重差分 DDD

变量	回归 19	回归 20	回归 21	回归 22	回归 23
	ln（$wage_{cit}$）	ln（$family\_net\_income_i$）	$city\_yes$：dy/dx	$city\_yes$：$odds\ ratio$	$city\_yes$：$odds\ ratio$
populationtreat × *provincecapital*	0.184***	0.438***	0.0348***	1.2569***	1.1689***
	(28.22)	(47.99)	(7.23)	(7.23)	(4.41)

续表

变量	回归 19 $\ln(wage_{cit})$	回归 20 $\ln(family\_net\_income_i)$	回归 21 $city\_yes:$ dy/dx	回归 22 $city\_yes:$ $odds\ ratio$	回归 23 $city\_yes:$ $odds\ ratio$
$yearpost \times$ $provincecapital$	0.0295 *** (12.89)	0.0386 *** (11.88)	0.0154 *** (9.16)	1.1069 *** (9.16)	1.0915 *** (7.23)
$populationtreat \times yearpost$ $\times provincecapital$	0.123 *** (24.02)	0.132 *** (17.91)	−0.0299 *** (−7.49)	0.8216 *** (−7.49)	0.8412 *** (−6.05)
$\ln(wage)$	—	—	—	—	1.2180 *** (34.93)
城市控制变量	控制	控制	控制	控制	控制
个体控制变量	控制	控制	控制	控制	控制
城市固定效应	控制	控制	控制	控制	控制
时间固定效应	控制	控制	控制	控制	控制
样本数 N	883681	1036407	954542	954542	780335
R^2	0.2380	0.1658	0.3383	0.3383	0.3295

注：***表示在1%的显著性水平下显著。

（四）不同工资收入水平下劳动力留居意愿

　　工资等市场价格信号和人口疏解的政策干预都会对劳动力留居意愿产生影响，由于不同城市和不同就业部门的工资水平存在较大差异，本章将运用DDD策略对不同工资收入水平下的劳动力留居意愿进行进一步识别。

　　基于流动人口样本的工资收入均值的核密度分布，本章将流动人口依据城市平均工资收入分为三组，即低收入流动人口群体（低于3000元/月）、中等收入流动人口群体（3000—5000元/月）、高等收入流动人口群体（5000元以上/月），运用DDD识别策略分组检验结果见表8-8，研究表明，从回归检验结果总体来看，第一，无论是高收入流动人口（5000元以上/月），还是低收入流动人口（低于3000元/月），流动人口留居意愿都在1%置信水平下显著且受到人口疏解政策负向影响，约降低20%留居意愿。第二，在引入工资变量基础上，工资收入水平越高，人口疏解政策对留居意愿的负向冲击影响越小。当月工资小于 3000 元时，人口疏解政策降低留居意愿近 19.85%，随着工资逐步提升，对于工资收入在 3000—5000 元/月和 5000 元以上/月的分组样本，人口疏解政策冲击分别降低留居意愿 17.56%、17.32%。第三，对中等、高等收入流动人口群体而言，工资效应对流动人口留居意愿的正向效应显著，但对低收入流动人口群体呈负向效应，这意味着对低收入流动人口群体来说，较低的工资收入和人口疏解政策都将叠加降低其留居意愿。

表 8 - 8　　　　　　　不同收入水平下人口疏解政策对劳动力影响

city_ yes	回归 24：*odds ratio*			回归 25：*odds ratio*		
	<3000 元/月	3000—5000 元/月	>5000 元/月	<3000 元/月	3000—5000 元/月	>5000 元/月
yearpost × *provincecapital*	1.0736 *** (4.49)	1.1274 *** (6.68)	1.1233 *** (5.76)	1.0718 *** (4.36)	1.1296 *** (6.78)	1.1514 *** (4.80)
populationtreat × *provincecapital*	1.1586 *** (3.21)	1.1906 *** (3.35)	1.4518 *** (7.02)	1.1632 *** (3.28)	1.1744 *** (3.09)	1.3079 *** (3.42)
populationtreat × *yearpost* × *provincecapital*	0.8039 *** (−5.10)	0.8256 *** (−4.64)	0.8056 *** (−5.18)	0.8015 *** (−5.15)	0.8244 *** (−4.66)	0.8268 *** (−3.49)
ln（*wage*）	—	—	—	0.9723 *** (−2.75)	1.5323 *** (18.99)	1.3737 *** (17.78)
城市控制变量	控制	控制	控制	控制	控制	控制
个体控制变量	控制	控制	控制	控制	控制	控制
城市固定效应	控制	控制	控制	控制	控制	控制
时间固定效应	控制	控制	控制	控制	控制	控制
样本数 *N*	460962	351144	327797	457659	351144	156893
R^2	0.3457	0.3040	0.3252	0.3470	0.3047	0.3037

注：*** 表示在 1% 的显著性水平下显著。

（五）异质性分析

由于城市内流动人口的个体特征是外生的，例如户籍、性别及婚姻、年龄、受教育水平、流动持续时间等，本章采用三重差分对流动人口个体异质性进一步分组检验。

1. 户籍

不同户籍类别的流动人口差异性较大（马小红等，2014），对农村和城市户籍的流动人口来说，回归结果如表 8 - 9 所示，其基本结论仍然稳健，即人口疏解政策提高了流动人口名义工资，同时降低了流动人口主观留居意愿。但从不同户籍类别来看，人口疏解政策提高工资成本效应对城市流动人口更加显著，提升约 15.5%，而农村户籍流动人口仅为 8.34%，但人口疏解政策对留居主观意愿的负向效应对农村流动人口更加显著，降低其 22.58% 的主观留居意愿，而城市流动人口仅降低 11.64%，这意味着人口疏解政策对农村流动人口的影响更大。

表 8 - 9　　　　　　　　　　　流动人口户籍分组检验

被解释变量	回归 26：ln（$wage_{cit}$）		回归 27：$city\_yes$：$odds\ ratio$	
	城市户籍	农村户籍	城市户籍	农村户籍
$yearpost \times provincecapital$	0.0293 *** (4.74)	0.0289 *** (11.71)	1.1446 *** (4.46)	1.0951 *** (7.60)
$populationtreat \times provincecapital$	0.349 *** (24.44)	0.123 *** (16.64)	1.1641 ** (2.20)	1.2911 *** (7.14)
$populationtreat \times yearpost \times provincecapital$	0.155 *** (15.30)	0.0834 *** (13.88)	0.8836 ** (-2.29)	0.7742 *** (-8.45)
城市控制变量	控制	控制	控制	控制
个体控制变量	控制	控制	控制	控制
城市固定效应	控制	控制	控制	控制
时间固定效应	控制	控制	控制	控制
样本数 N	133793	749888	143339	811200
R^2	0.2873	0.2227	0.3544	0.3353

注：＊＊＊、＊＊表示在 1% 和 5% 的显著性水平下显著。

2. 性别及婚姻

从流动个体性别及婚姻状况来看，人口疏解政策对已婚流动人口的名义工资提升效应（12.6%）大于未婚个体（10.2%），同时女性（12.6%）略大于男性（12.0%），如表 8 - 10 中"回归 28"和"回归

31"所示。进一步从性别和婚姻状况对流动人口的留居意愿来看，人口疏解政策对女性流动人口留居意愿的影响较大，降低19.47%，大于男性流动人口（16.95%）；已婚流动人口留居意愿降低大于未婚流动人口，前者降低19.15%，后者降低14.57%。

表 8 - 10　　　　　　　　　流动人口性别及婚姻分组检验

被解释变量	回归28：ln（$wage_{cit}$）		回归29：$city\_ yes$：odds ratio		回归30：ln（$wage_{cit}$）		回归31：$city\_ yes$：odds ratio	
	男	女	男	女	已婚	未婚	已婚	未婚
$yearpost \times$ $provincecapital$	0.0218*** (7.31)	0.0380*** (10.71)	1.0891*** (5.65)	1.1268*** (7.27)	0.0254*** (9.52)	0.0457*** (11.00)	1.1162*** (8.76)	1.0720*** (2.85)
$populationtreat \times$ $provincecapital$	0.164*** (19.09)	0.210*** (21.15)	1.1982*** (4.14)	1.3231*** (6.09)	0.190*** (24.75)	0.154*** (13.78)	1.2868*** (6.91)	1.1823*** (2.60)
$populationtreat$ $\times yearpost \times$ $provincecapital$	0.120*** (17.43)	0.126*** (16.45)	0.8305*** (-5.12)	0.8053*** (-5.68)	0.126*** (21.24)	0.102*** (10.94)	0.8085*** (-7.08)	0.8543*** (-2.82)
城市控制变量	控制	控制	控制	控制	控制	控制	控制	控制
个体控制变量	控制	控制	控制	控制	控制	控制	控制	控制
城市固定效应	控制	控制	控制	控制	控制	控制	控制	控制
时间固定效应	控制	控制	控制	控制	控制	控制	控制	控制
样本数 N	516166	367515	509877	444665	701071	182610	766213	188324
R^2	0.2072	0.1982	0.3375	0.3409	0.2299	0.2809	0.3372	0.3208

注：***表示在1%的显著性水平下显著。

3. 年龄

根据本章整理的2011—2018年CMDS中流动人口的年龄样本可将其分为三组：20岁及以下、21—40岁、41—65岁。从分组检验结果来看，如表8-11所示，人口疏解政策提升流动人口名义工资效应在21—40岁的青壮年流动人口中最为显著，在1%置信水平下提高13.0%；对20岁及以下和41—65岁中老年流动人口而言，人口疏解政策实施分别提高其名义工资8.12%和11.3%。对留居意愿而言，人口疏解政策对流动人口主观感受的影响仅对 20 岁以上的流动人口显著，尤其是对 21—40 岁青年流动人口，将会降低 22.06% 留居意愿，20 岁及以下流动人口检验结果在统计意义上不显著。

表 8 – 11　　　　　　　　　　　流动人口不同年龄分组检验

变量	回归 32：ln（$wage_{cit}$）			回归 33：city_yes：odds ratio		
	≤20 岁	21—40 岁	41—65 岁	≤20 岁	21—40 岁	41—65 岁
$yearpost \times$ $provincecapital$	0.0549 *** (6.27)	0.0312 *** (11.49)	0.0210 *** (4.80)	0.0254 (0.18)	1.1110 *** (7.83)	1.1065 *** (5.01)
$populationtreat \times$ $provincecapital$	0.0954 *** (4.18)	0.229 *** (29.67)	0.0933 *** (7.33)	1.0090 (0.56)	1.2239 *** (5.30)	1.3233 *** (4.67)
$populationtreat \times yearpost$ $\times provincecapital$	0.0812 *** (3.96)	0.130 *** (22.05)	0.113 *** (10.74)	1.0125 (0.10)	0.7794 *** （−8.04）	0.8854 ** （−2.35）
城市控制变量	控制	控制	控制	控制	控制	控制
个体控制变量	控制	控制	控制	控制	控制	控制
城市固定效应	控制	控制	控制	控制	控制	控制
时间固定效应	控制	控制	控制	控制	控制	控制
样本数 N	40927	596840	272436	50936	659869	288077
R^2	0.2494	0.2544	0.2046	0.3486	0.3498	0.3179

注：***、**表示在 1% 和 5% 的显著性水平下显著。

4. 受教育水平

不同受教育水平的流动人口具有不同的教育回报率（Glaeser & Lu，2018），从受教育水平分组检验结果来看，如表 8 – 12 所示，人口疏解政策对流动人口名义工资提升效应对本科及以上流动个体更加显著，增加近15.6%，而对高中、初中及以下流动人口仅分别提升 6.20% 和 4.39%。人口疏解政策也降低了不同受教育水平的留居意愿，尤其对初中及以下的流动个体样本，降低约 23.85%，而本科及以上流动人口仅 13.96%。

表 8 - 12　　　　　　　　　　流动人口受教育水平分组检验

变量	回归 34：ln（$wage_{cit}$）			回归 35：city_ yes：odds ratio		
	初中及以下	高中	本科及以上	初中及以下	高中	本科及以上
$yearpost \times$ $provincecapital$	0.0290 *** (10.02)	0.0205 *** (4.10)	0.0328 *** (5.81)	1.0960 *** (6.71)	1.0402 (1.61)	1.1812 *** (5.27)
$populationtreat \times$ $provincecapital$	0.0986 *** (11.65)	0.147 *** (9.99)	0.369 *** (25.94)	1.2913 *** (6.34)	1.2564 *** (3.15)	1.2580 *** (2.99)
$populationtreat \times yearpost$ $\times provincecapital$	0.0439 *** (5.88)	0.0620 *** (5.54)	0.156 *** (17.28)	0.7615 *** (-7.53)	0.7675 *** (-4.64)	0.8604 *** (-2.79)
城市控制变量	控制	控制	控制	控制	控制	控制
个体控制变量	控制	控制	控制	控制	控制	控制
城市固定效应	控制	控制	控制	控制	控制	控制
时间固定效应	控制	控制	控制	控制	控制	控制
样本数 N	556951	185554	141176	620814	196450	137278
R^2	0.1977	0.2201	0.3496	0.3376	0.3207	0.3785

注：＊＊＊表示在 1% 的显著性水平下显著。

5. 流动持续时间

流动人口持续增加流动时间表明其常住地与户籍地存在分割，本章利用流动人口在城市平均流动时间进行分组，分为小于 5 年、5—10 年和 10 年以上三组子样本，回归结果如表 8 - 13 所示，可知对工资效应而言，人口疏解政策对持续流动时间大于 10 年的流动个体样本最为显著，1% 置信水平下提升名义工资收入 15.7%，如"回归 36"所示，但随着持续流动时间增加，人口疏解政策反而对提升流动个体名义工资效应愈加显著。进一步从留居意愿来看，如"回归 37"所示，人口疏解政策对流动时间小于 5 年的流动个体样本的负向效应最为明显，在 1% 置信水平下降低 30.78% 的主观留居意愿；对流动持续时间为 5—10 年的流动个体降低 12.48%，而对流动持续时间 10 年以上的样本则不显著，这意味着人口疏解政策对长期流动人口将失效。

表 8 - 13　　　　　　　　流动人口累积流动时间分组检验

变量	回归36：工资聚集效应 ln（$wage_{cit}$）			回归37：留居意愿 city_ yes：odds ratio		
	小于 5 年	5—10 年	10 年以上	小于 5 年	5—10 年	10 年以上
$yearpost \times$ $provincecapital$	0.0355 ***	0.0351 ***	0.00995 **	1.1085 ***	1.1138 ***	1.0798 ***
	(11.41)	(8.84)	(2.15)	(6.62)	(5.66)	(3.44)
$populationtreat \times$ $provincecapital$	0.153 ***	0.187 ***	0.205 ***	1.3485 ***	1.0732	1.1623 **
	(16.52)	(16.19)	(15.92)	(6.64)	(1.27)	(2.41)
$populationtreat \times yearpost$ $\times provincecapital$	0.117 ***	0.107 ***	0.157 ***	0.6922 ***	0.8752 ***	1.064
	(15.41)	(12.05)	(16.98)	(-9.44)	(-3.01)	(1.26)
城市控制变量	控制	控制	控制	控制	控制	控制
个体控制变量	控制	控制	控制	控制	控制	控制
城市固定效应	控制	控制	控制	控制	控制	控制
时间固定效应	控制	控制	控制	控制	控制	控制
样本数 N	424221	295955	263183	451182	325200	286715
R^2	0.2595	0.2248	0.2230	0.3119	0.3350	0.3970

注：＊＊＊、＊＊表示在1%和5%的显著性水平下显著。

（六）　进一步分析

城市发展离不开低技能和高技能劳动力的互补效应（Eeckhout et al.，2014），同时人口疏解政策对留居主观意愿的影响也可能会与实际留居行为存在偏差，即流动人口可能在未来并不会离开本城市，其可转移到本城市的其余产业部门就业，本章将进一步探讨聚焦不同工资、不同技能水平的流动人口是否受人口疏解政策影响，也将对人口疏解政策是否促进流动人口在城市内的产业部门间转移给出直接证据。

1. 人口疏解政策是否对不同工资及不同受教育水平的流动人口有效？

本章第四部分揭示了不同工资水平可能会影响流动人口受到人口疏解政策的冲击效应，低收入名义工资和小于全国平均收入水平的流动人口留居意愿较低。由于受教育水平是反映劳动者个体人力资本和技能水平的重要变量，人口疏解政策影响的相关产业（批发市场、餐饮、劳动密集型制造业）内劳动力多为低技能劳动力，为进一步考虑在不同受教育水平和不同收入的双重影响下人口疏解政策的影响效果，本章以月工资 3000 元和受教育水平为初中作为划分标准，采用三重差分策略对留居意愿进行回归，回归结果见表 8 - 14，可知对于低收入流动人口（小于月工资 3000元），人口疏解政策会降低其留居意愿，且工资对留居意愿的正效应不再存在，尤其对于低学历流动人口（初中及以下）。对 3000 元及以上/月的流动人口而言，人口疏解政策对低学历流动人口的影响大于初中以上流动人口（高 1.75%），同时工资对留居意愿的正效应存在。通过对比分析表明，工资收入高低是影响人口是否留居的重要市场信号，疏解人口的相关政策因素的确也降低了流动人口是否留居的主观感受。

表 8 - 14　　　　　考虑教育异质性和工资差异的三重差分 DDD 分组检验

city_ yes: *odds ratio*	回归 38	回归 39	回归 40	回归 41
	<3000 元/月 且初中及以下	<3000 元/月 且初中以上	≥3000 元/月 且初中及以下	≥3000 元/月 且初中以上
populationtreat × *yearpost* × *provincecapital*	0.8030 *** (−4.12)	0.8093 *** (−4.57)	0.8061 *** (−4.21)	0.8236 *** (−5.34)
ln（*wage*）	0.9623 *** (−3.00)	0.9912 (−0.71)	1.5134 *** (31.65)	1.5080 *** (38.40)
城市控制变量	控制	控制	控制	控制
个体控制变量	控制	控制	控制	控制
城市固定效应	控制	控制	控制	控制
时间固定效应	控制	控制	控制	控制
样本数 *N*	311827	387798	269545	400554
R^2	0.3431	0.3544	0.2952	0.3159

注：*** 表示在 1% 的显著性水平下显著。考虑篇幅限制，其余变量和常数项的回归结果从略。

2. 人口疏解政策是否促进了目标城市内劳动力跨产业部门转移？

对于人口疏解政策是否影响流动人口外流，本章首先对不同行业的流动人口的留居意愿进行分析，在此基础上进一步考虑将流动人口在城市内制造业、服务业及更加细分的服务业类别的流动人口就业比重作为被解释变量，如式（8-6）所示，运用三重差分策略进一步对人口疏解政策是否促进流动人口在产业部门转移进行分析。

$$\ln(lr_{cijt}) = \beta_0^* + \beta_1^* populationytreat_c \times yearpost_t \times provincecapital_c +$$

$$\beta_2^* populationytreat_c \times yearpost_t + \beta_3^* yearpost_t \times provincecapital_c \qquad (8-6)$$

$$+ \chi city_c + \varphi X_i + \delta_c + \gamma_i + \varepsilon_{cit}$$

式（8-6）中，lr_{cijt} 为城市 c 中第 t 年流动人口个体 i 在产业 j 的就业比重，其余指标同前文。

首先，从人口疏解政策对留居意愿的影响效果上看，如表 8-16 所示，在控制特征变量和固定效应条件下，在处理组和对照组差分结果中，人口疏解政策会降低工业和服务业内流动人口的留居意愿，尤其是对服务业内流动人口，工业部门的流动人口负向效应在 10% 置信水平下显著，服务业显著性更高，如表 8-15 的"回归 42"所示；对工资正效应而言，工业、制造业和服务业对留居意愿都在 1% 置信水平下显著，尤其对在制造业内就业的流动人口。为进一步凝聚产业共同性，本章依据相关研究将服务业划分为生产性服务业、消费性服务业和基础性服务业[①]，采用 DDD 进一步识别，如"回归 43"所示，可见人口疏解政策对三类细分服务业内的就业人口留居意愿都呈负向效应，仅生产性服务业不显著；同时工资对留居意愿正效应仍在 1% 置信水平下显著存在。

表 8-15　　　　三重差分：不同产业部门内流动人口的留居意愿

留居意愿 city_ yes： odds ratio	回归 42：工业和服务业			回归 43：服务业		
	工业 indus_ i	制造业 manuf_ i	服务业 service_ i	生产性服务业 proser_ i	消费性服务业 conser_ i	基础性服务业 pubser_ i
populationtreat × yearpost × provincecapital	0.8777 * (−1.95)	1.0842 (0.90)	0.8501 *** (−5.17)	0.9101 (−1.26)	0.8302 *** (−3.84)	0.7490 *** (−5.21)
ln（wage）	1.2271 *** (16.65)	1.3103 *** (16.67)	1.2509 *** (35.05)	1.2893 *** (12.26)	1.2978 *** (30.54)	1.2274 (15.73)

① 根据 CMDS 问卷内容，生产线服务业为金融业，房地产业，交通运输、仓储和邮政业，科学研究和技术服务业；消费性服务业为批发和零售业，住宿和餐饮业；基础性服务业为卫生和社会工作，文化、体育和娱乐业，教育，公共管理、社会保障和社会组织。

续表

留居意愿 city_ yes： odds ratio	回归42：工业和服务业			回归43：服务业		
	工业 indus_ i	制造业 manuf_ i	服务业 service_ i	生产性服务 业 proser_ i	消费性服务 业 conser_ i	基础性服务 业 pubser_ i
populationtreat × yearpost × provincecapital	0.8777 * （−1.95）	1.0842 （0.90）	0.8501 *** （−5.17）	0.9101 （−1.26）	0.8302 *** （−3.84）	0.7490 *** （−5.21）
城市控制变量	控制	控制	控制	控制	控制	控制
个体控制变量	控制	控制	控制	控制	控制	控制
城市固定效应	控制	控制	控制	控制	控制	控制
时间固定效应	控制	控制	控制	控制	控制	控制
样本数 N	206610	141235	553535	60308	236096	129204
R^2	0.2109	0.2189	0.3148	0.1590	0.1270	0.1530

注：*** 、*分别表示在1%和10%的显著性水平下显著。考虑篇幅限制，其余变量和常数项的回归结果从略。

对被解释变量为城市各行业中流动人口样本的就业比重来说，本章使用 DDD 进一步回归测算表明，在控制处理组和对照组不变和控制固定效应、特征变量条件下，人口疏解政策在1%置信水平下显著降低工业和制造业中流动人口的就业比重，分别降低了8.21%和35.00%，但也显著增加了1.21%的服务业就业比重。由于疏解政策在服务业内的目标选择主要为批发和零售等消费性服务业，表8－16"回归45"也给出了人口疏解政策的确在1%置信水平下降低了12.4%的消费性服务业内流动人口的就业比重，提升了流动人口在生产性服务业和基础性服务业的就业比重，分别提高了10.80%和9.26%，这表明人口疏解政策导致了流动人口在城市内产业部门间流动，而可能不会降低城市流动人口总体规模。

表8－16　　三重差分：人口疏解政策与目标城市内劳动力部门就业比重变动

就业比重 ln（lr）	回归44：工业和服务业			回归45：服务业		
	工业 indus_ i	制造业 manuf_ i	服务业 service_ i	生产性服务 业 proser_ i	消费性服务 业 conser_ i	基础性服务 业 pubser_ i
populationtreat × yearpost × provincecapital	−0.0821 *** （−24.55）	−0.3500 *** （−71.93）	0.0121 *** （10.89）	0.1080 *** （40.57）	−0.1240 *** （−74.12）	0.0926 *** （45.42）

续表

就业比重 ln（lr）	回归44：工业和服务业			回归45：服务业		
	工业 indus_ i	制造业 manuf_ i	服务业 service_ i	生产性服务业 proser_ i	消费性服务业 conser_ i	基础性服务业 pubser_ i
城市控制变量	控制	控制	控制	控制	控制	控制
个体控制变量	控制	控制	控制	控制	控制	控制
城市固定效应	控制	控制	控制	控制	控制	控制
时间固定效应	控制	控制	控制	控制	控制	控制
样本数 N	1073955	1063406	1076288	1069051	1076014	1075338
R^2	0.7076	0.8107	0.7980	0.7619	0.7958	0.6841

注：＊＊＊表示在1%的显著性水平下显著。

（七）本章小结

劳动力向高收入地区流入是客观经济规律，超大城市人口规模调控和人口结构优化成为城市实现高质量发展无法回避的命题，如何增强引导人口流动相关政策的有效性成为政策部门和研究学者日益关心的焦点问题。当然，本章也存在一些不足，流动人口留居意愿与下一期是否真的留居可能并无直接关系，人口疏解政策对留居意愿影响更体现为对流动人口的主观情绪的负向影响上，尽管本章采用流动人口在各产业部门的就业比重来进行说明，由于CMDS并非追踪数据，也可能会存在估计误差，运用劳动者个体追踪数据来进一步验证是未来的研究方向。

九　主要研究结论与政策启示

"城市的核心是人"，优化大城市发展方式的关键在于扩大人口集聚的正外部性和降低其负外部性，同时引导超大城市的人口均衡流动有利于实现城市可持续发展和带动周边地区发展，因此需要准确地认识超大城市和特大城市中流动人口的劳动力市场特征，立足全球主要城市人口疏解的政策经验，因地制宜地推进城市劳动力供给结构优化，不断完善以人口流动为载体的区域协调发展新机制。在目前和今后较长的一段时期，中国人口流动还将比较活跃，人口流动的空间不均衡问题将会是影响经济高质量发展的关键因素。

（一）　主要研究结论

本书研究表明人口流动与城市规模间存在拉力和阻力，前者来源于工资、医疗与教育等城市公共服务，后者则来自城市居住、拥挤效应和空间流动成本，但成本效应对流动个体和城市规模并不稳健。实证研究证实了理论假说，城市公共服务、就业工资都显著正向影响了流动人口的空间选择，且工资效应更大，总体来看，城市公共服务对数值的平均边际效应是递减的，就业收入对数值的平均边际效应则呈现倒"U"形影响。异质性分析表明农村流动人口对工资和城市公共服务的平均边际效应都大于城市流动人口。对农业转移人口而言，工资差异仍是影响城市中人口流入的重要因素，但具有农村土地权益的农村流动人口更偏好于医疗供给较高的城市，而不具有农村土地权益的农村流动人口则更偏好于受教育水平较高的城市。随着流动人口年龄、流动时间、随迁家庭规模和工资收入水平逐步增加，尽管工资效应仍起决定性作用，但其正向效应呈现减弱趋势，而城市公共服务正向效应逐步增强，尤其对于医疗和教育资源，但受教育水平较高的流动人口的城市公共服务平均边际效应是递减的。从不同人口流动模式来看，工资差异是引起跨省流动的显著原因，而医疗和受教育水平对省内迁移的流动人口影响较大。从产业类别进一步来看，相对于服务业而言，在制造业中就业的流动人口的空间选择机制更受城市公共服务和工资收入的影响，而在服务业细分类别内，基础性服务业的流动人口更受城市公共服务的影响。

从国际经验和历史视角的对比研究中发现，从中心城市或城市中心城区疏解人口并非仅我国京津冀地区所独一面对的，通过城市功能调整、交通一体化、疏解和承接功能并重、建立统一的动态区域协调机制是促进大城市人口疏解的共性经验，同时单一地推进人口疏解也会造成城市中心区的"内城问题"，功能过度分散还将降低中心城市的发展速度，违背劳动力向高经济密度地区流入的客观规律。人口规模控制和人口结构优化是影响大城市高质量发展的基本变量，中国城市发展需处理好两个关系，即"以大带小"的政策导向和人口流动经济规律的关系、自然承载力和经济承载力的关系，应正视大城市吸引人口的正效应，提高城市管理能力，加快推进超大、特大城市户籍制度改革，进一步降低大城市落户壁垒，探索试点都市圈内以居住地登记制度替代积分落户和居住证制度。建立城市中心区微循环更新机制，以历史保护区模式统筹推进城市文脉传承和疏解空间再利用。加强都市圈内职住平衡，在政府主导新城建设的基础上及时引入市场力量，完善新城的产业体系、公共服务和生活配套设施，逐步形成新城稳定的人口集聚力。

本书还将2011—2018年国家卫健委中国流动人口监测数据匹配至城市层面，系统总结了超大和特大城市中流动人口劳动力市场的典型特征，研究表明，第一，超大和特大城市中流动人口的家庭规模较小，2011—

2018 年呈现了先上升后下降的倒"U"形变化，流动人口的家庭平均年龄也在增加。第二，"城—乡"人口流动依然占流动人口主导地位，约为80%，但"城—城"人口流动比重逐年上升，从留居意愿来看，"城—乡"流动人口留居意愿低于"城—城"流动人口。第三，务工和经商等就业需求是人口流动的主要原因，从人口流动模式来看，超大城市中流动人口以跨省流动为主，而特大城市以跨省流动和省内跨市二者并重，其中，超大和特大城市的流动人口中照顾老人和小孩的需求的比重相对较高，尤其有照料随迁小孩需求的比例相对较高。第四，超大城市的名义工资溢价大于特大城市，但超大城市和特大城市中流动人口主要从事消费性服务业，且大多在民营企业就业。第五，对于流动人口的社会保障而言，以医疗保险为例，流动人口参保比重较低。但超大城市中农村流动人口参保比例相对较高。进一步地，从不同户籍流动人口的参保地选择进一步可知，农村流动人口多选择原户籍地，而城市间流动人口则更偏好于流入地城市。

劳动力向高收入地区流入是客观经济规律，超大城市人口规模调控和人口结构优化是城市实现高质量发展无法回避的命题，如何增强引导人口流动相关政策的有效性成为政策部门和研究学者日益关心的焦点问题。

本书将 2015 年北京市非首都功能疏解作为一个政策变量，利用双重差分和三重差分识别策略对人口疏解导向型政策影响城市外来劳动力流动进行研究[①]，研究表明，第一，人口疏解政策提升了疏解目标城市的工资收入，即提高了劳动力工资成本，无论是名义工资，抑或是家庭净收入和工资相对水平，同时，也降低了流动人口的主观留居意愿，研究结论显著且稳健。第二，劳动力市场的工资信号能够有效对冲人口疏解政策对流动

---

① 本书还通过 2011—2018 年 CMDS 数据进一步分析，根据前述对处理组和控制组的界定，用京津冀地区流动人口工资与全国平均水平的差值 *wagediff* 来反映人口疏解政策是否扩大了京津冀收入与全国的差距，在控制城市、个体特征和双向固定效应条件下，研究结果中双重差分（DID）系数为 0.218（12.48），三重差分（DDD）系数为 0.219（11.94），这表明人口疏解政策反而扩大了京津冀地区相对于全国平均水平的工资收入差距。笔者认为可能由于样本数据仅为 2018 年前，当远期雄安新区带动京津冀协调发展增长极形成后，工资收入差距将会降低，这也侧面反映雄安新区建设的必要性。

人口的留居意愿负向效应，但当名义工资小于3000元/月时，工资效应不再显著。工资效应每提高1个对数单位，流动人口留居意愿增加21.84%，大于人口疏解政策负向影响（10.68%），仍有11.63%的正向净效应，三重差分进一步验证留居意愿净效应依然存在（5.92%，如表6－3中"回归23"所示）。第三，模糊断点回归进一步表明，当本地流动人口就业工资大于全国平均水平时，工资对留居意愿具有正向局部处理效应，反之工资效应则不具有集聚效应。第四，异质性分析表明人口疏解政策对农村流动人口的负向影响更大，不仅工资正效应相对较小，而且其对主观留居意愿也冲击较大，降低其22.58%的主观留居意愿。同时人口疏解政策对女性、已婚、21—40岁青年流动人口、初中及以下受教育水平及持续流动时间小于5年的流动个体样本的负向冲击影响更加显著。另外，本书进一步回应了两个现实问题：一是针对疏解低技能人口的政策导向是否有效？二是人口疏解政策是否促进了劳动力跨产业部门转移？本书对比了不同收入和受教育水平对流动人口留居意愿的影响，认为首先工资差异是影响人口是否留居的关键市场价格信号，而非受教育水平；其次，人口疏解政策显著降低了12.4%的消费性服务业内流动人口的就业比重，但促进了其余服务业部分流动人口的就业比重提升。

（二）相关政策启示

本书研究和实际调研情况都表明，相关政策制定部门应进一步重视人口作为大城市可持续发展的关键因素，立足于大城市中流动人口劳动力市场的典型事实，不断优化大城市人口规模和结构，超大、特大城市高质量发展和提高劳动力配置效率，建立以流动人口为载体的流入地和流出地的城市间协调发展机制，推进新城建设产业体系及配套设施不断完善。

1. 加快超大、特大城市户籍制度改革

目前在中国超大和特大城市实行户籍制度主要为差别化落户（积分

制）和居住证制度，前者使城市可以有目的地选择具有较高人力资本的高技能劳动力，后者主要面向一般城市劳动力和农业转移人口，这两种措施都向着"经常居住地登记户口制度"演变。我国城市发展的一个重要基本国情就是农业转移人口在大城市就业规模较大，这种"人—地（农地）"分离不解决，户籍深层次改革和户籍城镇化率稳定提高将无从谈起。人口向大城市集聚是客观规律，有必要提前研究户籍制度最终完全取消后常住地登记户口制度的可能演变方式及路径。统筹城市户籍和居住证功能，建立基于积分制的城市户口登记制度，明确以受教育水平、专业技术职务、职业技能、创新创业、社会保险缴纳年限和工作居住年限等占积分制的主要比重。建立健全与产业发展相适应的城市劳动力技能需求动态目录，补充完善劳动力技能培训和积分制挂钩关系。促进城乡融合发展，打破城乡要素壁垒，加快探索城乡要素平等交换、双向流动的制度性通道，将人口流出地的农地产权改革和人口流入地的落户政策挂钩，促进农业转移人口"人—地"落户收益与居住地公共服务供给相协调，明确都市圈内"同城化累积时间"与城市公共服务资格权的匹配关系，推进户籍制度向"经常居住地登记户口制度"转变。进一步完善超大城市现代化治理体系，放大超大城市规模经济正向效应。目前北京、上海等超大城市的老龄化趋势严峻，且增速较快，城市劳动力结构亟待优化，应加快深化户籍制度改革，尤其需要完善都市圈内适应超大城市特征的劳动力流动制度，畅通劳动力流动通道和范围。

2. 优化超大、特大城市的发展方式

大城市具有集聚人口的客观经济规律，应避免因人口疏解和功能分散降低中心城市的发展潜力。顺应不同地区城镇化空间形态，放大人口流动再配置的空间红利，对冲因劳动力供给下降式微的人口红利。立足城市化地区、农产品主产区、生态功能区的比较优势，建立以流动人口为载体的城市群一体化发展机制，降低人口流动失衡引起的区域衰退。建立城市间分工体系，促进中心城市一般制造业向周边中小城市转移，强化区域中心

大城市服务经济的比较优势，提高科研机构和技术创新部门的比重和资金投入，促进人力资本结构与城市经济发展匹配。强化都市圈中心城市发挥"以大带小"的作用，促进城市建设用地和流动人口协调，明确都市圈的基础设施共建与人口市民化成本分担相适应，加大对人口净流出重点衰退地区的专项扶持。推进以区域性城市为中心的都市圈社保和落户积分互认、教育和医疗资源共享。统筹城市的经济和安全，在中心城市周边因地制宜地发展制造业和布局公共安全设备产业链，避免公共卫生必需品产业链被疏解，实现制造业比重稳定发展。探索建立历史文化保护区，统筹推进城市文脉保护和疏解空间再利用，构建微循环老城更新模式，处理好历史文化建筑保护和老旧建筑改造的关系。

3. 不断完善都市圈内新城和卫星城的城市功能

多样化的产业体系及完善的配套设施是新城集聚人口的关键因素。考虑客观的建设周期，需及时推进新城、卫星城建设中的产业发展和配套设施有机结合，加大新城、卫星城和中心城市的交通基础设施一体化。政府在新城建设初期起主要作用，应处理好新城建设中政府和市场的关系，逐步完善符合新城功能定位的产业准入目录和劳动力技能需求目录，为新城产业发展和劳动力供给提供政策抓手。在建设中后期则应按照准入目录及时引入企业等市场主体参与城市产业发展，不断完善教育医疗等公共服务资源和影院、商场等配套生活设施，形成新城人口稳定的集聚力。

4. 逐步完善就业优先政策的宏观政策体系

2019 年以来，就业优先政策已经成为宏观政策的重要组成部分，面对日益灵活的劳动力市场，如何有效应对就业结构性矛盾、实现"稳就业"和"促增长"至关重要。当前，外出流动人口主要是以务工和经商为主，这意味着更高质量的就业需求是流动人口的主要需求，其中，消费型服务业是流动人口的主要就业形式，流动人口的平均受教育水平还不高，面临着新技术对产业结构的变革式影响，这部分劳动力人群最易受新技术变革引起的就业风险的影响，而当这部分流动劳动力仅在消费性服务业就业，无法提高新的职业技能，这又将引起经济增长的"成本病"。因此，需要进一步完善以流动人口为主的政策目标体系，将流动人口就业率、劳动参与率纳入宏观政策指标体系。在新技术革命背景下，进一步准确把握超大城市"劳动力蓄水池"效应，将职业教育和对流动人口的技能培训有效结合，对开展针对流动人口技能培训和提升计划的相关企业给予一定的财政补贴或税收减免，进一步激发市场用工活力。

5. 构建城乡要素平等交换、双向流动的制度性通道

"城市的核心是人"，人口不仅是城市发展的基本变量，而且是美好城市生活的享有者，城市发展更取决于不同技能水平劳动力的互补效应，本书研究表明人口疏解对流动人口的心理会产生消极负面影响，应积极引导树立健康的就业观念，避免形成职业歧视，进一步重点关注超大城市中的流动人口，尤其是女性和农村流动人口。目前农业转移人口仍是外出流动人口的主要组成部分，但农村流动人口在流入地城市的留居意愿显著低于城市流动人口，但其留居意愿比重仍占近50%，这表明有将近一半的农村流动人口愿意继续在流入地居住和工作，但对是否落户的比重却并无一致的统计性规律，2017年CMDS数据研究表明，具有承包地的农业转移人口具有一定的落户需求，但正相关性并不显著。以人为本的新型城镇化要求加快农业转移人口市民化，但户籍身份转变并非仅依靠户籍制度改革就能解决，还需要进一步解决农业转移人口"人—地（农地）"分离问题，逐步建立和完善城乡统一的土地市场，将农业集体经营性用地纳入城市土地市场，同时推进城市基本公共服务向农村地区覆盖，明确将城市公共服务使用的资格权与居住证年限相挂钩，促进完善劳动力技能培训和超大城市积分制落户相适应，进一步使农业转移人口"人—地（农地）"落户收益与户籍制度改革相协调。

6. 尽快完善统一的城乡社会保障体系，加大对流动人口的社会保障支持

完善的社会保障体系能够更有效地提高就业质量，从长期来看，更有利于加快流动人口个体的人力资本累积进程，提高经济潜在增长率。从本书的研究可知，农业转移人口和城市流动人口的社保需求存在明显差异，社保缴纳地存在空间错位；流动人口中对随迁小孩和老人的照料需求还较高。社保领域内相关政策应立足这个客观现实和人民群众的真实需求，加快建立城乡统一的社会保障体系，实现城乡基本公共服务的标准统一、制度并轨，促进中心城市优质医疗和教育资源向基层逐步延伸。逐步降低企业社保基本缴费比例，加快完善和落实跨省异地就医直接、即时的结算政策，满足流动人口随迁老人和小孩的需要。对流动人口从业比例较高的新经济平台企业，应加快探索建立新就业形态从业人员职业伤害的保险办法，引导企业和从业人员参加医疗及人身伤害等保险，探索基于工作任务收益的累积社保缴纳形式。

参考文献

一 中文文献

白俊红等:《研发要素流动、空间知识溢出与经济增长》,《经济研究》
    2017 年第 7 期。

蔡昉等:《研究阐释党的十九届五中全会精神笔谈》,《中国工业经济》
    2020 年第 12 期。

蔡昉:《人口迁移和流动的成因、趋势与政策》,《中国人口科学》1995 年
    第 6 期。

仇保兴、闫晋波:《法国萨克雷科学城和巴黎疏解经验对国内超大城市减
    量发展的启示》,《城市发展研究》2019 年第 4 期。

储君、牛强:《新城对大都市人口的疏解和返流作用初析——以北京新城
    规划建设为例》,《现代城市研究》2019 年第 4 期。

崔晓临等:《基于多源数据融合的北京市人口时空动态分析》,《地球信息
    科学学报》2020 年第 11 期。

邓仲良:《从国际比较和历史视角看城市人口疏解政策》,《齐鲁学刊》
    2021 年第 6 期。

邓仲良、张车伟:《新发展格局需要怎样的人口发展格局?》,《中国发展观
    察》2021 年第 2 期。

邓仲良、张可云:《北京非首都功能中的制造业疏解承接地研究》,《经济
    地理》2016 年第 9 期。

邓仲良、张可云：《产业—空间匹配问题的研究回顾与最新进展》，《经济问题探索》2017 年第 11 期。

邓仲良、张可云：《"十四五"时期中国区域发展格局变化趋势及政策展望》，《中共中央党校（国家行政学院）学报》2021 年第 2 期。

邓仲良、张可云、杨孟禹：《当前中国人口流动特征下区域协调发展面临问题及对策》，《长沙大学学报》2020 年第 1 期。

邓仲良、张可云：《中国经济增长的空间分异为何存在？——一个空间经济学的解释》，《经济研究》2020 年第 4 期。

冯晓英：《改革开放以来北京市流动人口管理制度变迁评述》，《北京社会科学》2008 年第 5 期。

冯永恒等：《基于手机信令数据的大城市功能疏解的人口流动影响——以北京动物园批发市场为例》，《城市发展研究》2020 年第 12 期。

傅舒兰、游奕辉：《历史城市中心区"人口疏解"问题刍议——考察山西大同的建设实践》，《城市规划》2019 年第 12 期。

国家卫生健康委员会：《中国流动人口发展报告（2018）》，中国人口出版社 2018 年版。

国务院发展研究中心课题组：《巴黎旧城改造与保护的经验教训及启示》，《中国经济时报》2016 年 8 月 29 日第 5 版。

韩嘉玲、余家庆：《离城不回乡与回流不返乡——新型城镇化背景下新生代农民工家庭的子女教育抉择》，《北京社会科学》2020 年第 6 期。

侯慧丽：《产业疏解能带动人口疏解吗？——基于北京市流动人口定居意愿的视角》，《北京社会科学》2016 年第 7 期。

胡斌红、杨俊青：《农民工为何"偏爱"大城市？——基于城市规模与农民工就业质量的研究》，《学习与实践》2019 年第 6 期。

胡磊、侯梦洁：《北京市人口疏解效果研究——基于流动人口再迁移行为的视角》，《城市观察》2020 年第 1 期。

胡雯、张锦华：《城市的力量：农民工层级迁移与工资溢价》，《财经研究》2021 年第 2 期。

胡小武、沈阅微：《大城市外来青年的"落脚空间"与"社会融入"：以南京为例》，《城市观察》2021 年第 2 期。

姜鹏飞、唐少清：《首都人口疏解的制约因素与突破思路——基于国外城市人口疏解的经验》，《河北大学学报（哲学社会科学版）》2017 年第 4 期。

李程伟等：《流动人口疏解效果评价及政策建议——对北京市的问卷调查》，《国家行政学院学报》2017 年第 1 期。

李瑞、刘超：《城市规模对农民工人力资本外部性的影响》，《城市问题》2019 年第 3 期。

李实、吴彬彬：《中国外出农民工经济状况研究》，《社会科学战线》2020 年第 5 期。

李铁、范毅、王大伟：《北京人口调控该往哪走?》，《光明日报》2014 年 5 月 27 日。

梁琦、陈强远、王如玉：《户籍改革、劳动力流动与城市层级体系优化》，《中国社会科学》2013 年第 12 期。

刘超、李瑞、马俊龙：《城市规模、就业歧视与农民工就业匹配》，《经济科学》2020 年第 5 期。

刘玉、张雪、石敏俊：《基于流动人口特征的首都人口疏解与管控》，《区域经济评论》2020 年第 2 期。

刘志、李国平：《人口长期均衡发展——北京的战略选择》，科学出版社 2013 年版。

陆铭：《人口疏解未必是城市发展的必经之路》，《人民论坛》2020 年第 21 期。

陆铭、向宽虎、陈钊：《中国的城市化和城市体系调整：基于文献的评论》，《世界经济》2011 年第 6 期。

陆铭：《新发展格局下的城市：若干系统性的理论问题》，《中国工业经济》2020 年第 12 期。

年猛：《中国城乡关系演变历程、融合障碍与支持政策》，《经济学家》2020 年第 8 期。

宁光杰：《中国大城市的工资高吗？——来自农村外出劳动力的收入证据》，《经济学（季刊）》2014 年第 3 期。

潘丽群、陈坤贤、李静：《城市规模工资溢价视角下流动人口工资差异及其影响路径研究》，《经济学动态》2020 年第 9 期。

潘士远、朱丹丹、徐恺：《中国城市过大抑或过小？——基于劳动力配置效率的视角》，《经济研究》2018 年第 9 期。

潘文卿：《中国区域经济发展：基于空间溢出效应的分析》，《世界经济》2015 年第 7 期。

戚本超、赵勇：《首尔人口限制和疏解策略对北京的启示》，《城市规划》2007 年第 4 期。

石晋昕：《筑波科研学园城对雄安新区建设的启示研究》，《城市观察》2019 年第 3 期。

孙斌栋、魏旭红：《多中心能够缓解城市拥挤吗？——关于上海人口疏解与空间结构优化的若干认识》，《上海城市规划》2015 年第 2 期。

童玉芬、单士甫、宫倩楠：《产业疏解背景下北京市人口保有规模测算》，《人口与经济》2020 年第 2 期。

童玉芬、宫倩楠：《新时期北京市人口调控政策的效果评估——基于三重差分法的准自然实验》，《人口研究》2020 年第 5 期。

王继源、陈璋、胡国良：《京津冀协同发展下北京市人口调控：产业疏解带动人口疏解》，《中国人口·资源与环境》2015 年第 10 期。

王建国、李实：《大城市的农民工工资水平高吗?》，《管理世界》2015 年第 1 期。

王俊：《经济集聚、技能匹配与大城市工资溢价》，《管理世界》2021 年第 4 期。

王智勇：《特大城市人口调控的再思考》，《北京工业大学学报（社会科学版）》2019 年第 2 期。

魏旭红、孙斌栋：《我国大都市区就业次中心的形成机制——上海研究及与北京比较》，《城市规划学刊》2014 年第 5 期。

魏玉君、叶中华：《东亚国家首都地区新城人口疏解路径及对雄安新区的启示》，《现代城市研究》2019 年第 5 期。

吴开亚、张力、陈筱：《户籍改革进程的障碍：基于城市落户门槛的分析》，《中国人口科学》2010 年第 1 期。

奚文沁、周俭：《巴黎历史城区保护的类型与方式》，《国外城市规划》2004 年第 5 期。

夏怡然、陆铭：《跨越世纪的城市人力资本足迹——历史遗产、政策冲击和劳动力流动》，《经济研究》2019 年第 1 期。

严善平：《人力资本、制度与工资差别——对大城市二元劳动力市场的实证分析》，《管理世界》2007 年第 6 期。

严善平：《中国大城市劳动力市场的结构转型——对 2003 年、2009 年上海就业调查的实证分析》，《管理世界》2011 年第 9 期。

杨东亮、李朋鹜：《人口集聚的经济效应：基于工具变量的实证研究》，《人口学刊》2019 年第 3 期。

叶振宇、傅行行、白增博：《雄安新区城镇化的现实问题与前瞻分析》，《发展研究》2018 年第 3 期。

原倩：《城市群是否能够促进城市发展》，《世界经济》2016 年第 9 期。

张车伟、王智勇、蔡翼飞：《中国特大城市的人口调控研究——以上海市为例》，《中国人口科学》2016 年第 2 期。

张国建等：《扶贫改革试验区的经济增长效应及政策有效性评估》，《中国工业经济》2019 年第 8 期。

张吉鹏等：《城市落户门槛与劳动力回流》，《经济研究》2020 年第 7 期。

张可云、邓仲良、蔡之兵：《京津冀协同发展下北京的城市发展战略》，《江淮论坛》2016 年第 4 期。

张莉、何晶、马润泓：《房价如何影响劳动力流动》，《经济研究》2017 年第 8 期。

张倩：《伦敦兴衰启示：从疏解人口到重聚人口》，《决策探索（上半月）》2017 年第 11 期。

赵秀池：《美国是怎样疏解中心人口的？》，《中国减灾》2011 年第 2 期。

周密等：《外来劳动力挤占了本地市民的收入吗？——基于城市规模视角》，《上海财经大学学报》2014 年第 1 期。

周文等：《土地流转、户籍制度改革与中国城市化：理论与模拟》，《经济研究》2017 年第 6 期。

北京市规划和国土资源管理委员会：《北京城市总体规划（2016 年—2035年）》，http：//www. beijing. gov. cn/gongkai/guihua/wngh/cqgh/201907/t20190701_ 100008. html。

北京市统计局、北京市第七次全国人口普查领导小组办公室：《北京市第七次全国人口普查公报（第二号）》，http：//tjj. beijing. gov. cn/tjsj_ 31433/tjgb_ 31445/rpgb_ 31449/202105/P020210519338474897101. pdf。

北京市统计局、北京市第七次全国人口普查领导小组办公室：《北京市第七次全国人口普查公报（第一号）》，http：//tjj. beijing. gov. cn/tjsj_ 31433/tjgb_ 31445/rpgb_ 31449/202105/P020210519338453665400. pdf。

国家发展和改革委员会：《2020 年新型城镇化建设和城乡融合发展重点任务》，http：//www. gov. cn/zhengce/zhengceku/2022-03-22/content_ 5680416. htm。

国家发展和改革委员会：《国家发展改革委举行 1 月份新闻发布会 介绍宏观经济运行情况并回应热点问题》，http：//www. scio. gov. cn/xwfbh/gb-wxwfbh/xwfbh/fzggw/Document/1697369/1697369. htm。

国家统计局：《2018 年统计用区划代码和城乡划分代码》，http：//www. stats. gov. cn/tjsj/tjbz/tjyqhdmhcxhfdm/2018/index. html。

国家统计局：《关于更新全国统计用区划代码和城乡划分代码的公告》，http：//www. stats. gov. cn/tjsj/tjbz/tjyqhdmhcxhfdm/2020/index. html。

国资委：《国资委关于组建中国卫星网络集团有限公司的公告》，http：//www. sasac. gov. cn/n2588030/n2588924/c18286531/content. html。

河北雄安新区管理委员会：《河北雄安新区管理委员会关于印发〈河北雄安新区积分落户办法（试行）〉〈河北雄安新区居住证实施办法（试行）〉的通知》，http：//www. xiongan. gov. cn/2021-01/01/c_ 1210960303. htm。

中共河北省委、河北省人民政府：《河北雄安新区规划纲要》，http：//
news. sina. com. cn/c/nd/2018-04-21/doc-ifznefkh3138536. shtml。

中共中央、国务院：《关于建立更加有效的区域协调发展新机制的意见》，
http：//www. gov. cn/xinwen/2018-11/29/content_ 5344537. htm。

中共中央、国务院：《关于支持河北雄安新区全面深化改革和扩大开放的指导
意见》，http：//www. gov. cn/gongbao/content/2019/content_ 5366472. htm。

二　英文文献

Albouy, D. , K. Behrens, Robert-Nicoud F. and Seegert N. ,"The Optimal Dis-
tribution of Population across Cities", *Journal of Urban Economics*, 2019,
110 (3)：102-113.

Angrist, J. D. and Krueger, A. B. "Does Compulsary School Attendance Affect
Schooling and Earnings?", *Quarterly Journal of Economics*, 1991, 106
(4)：979-1014.

Angrist, J. D. and Pischke, J. S. , "The Credibility Revolution in Empirical E-
conomics：How Better Research Design is Taking the Con out of Economet-
rics", *Journal of Economic Perspectives*, 2010, 24 (2)：3-30.

Anselin, L. , et al. , "A Spatial Econometric Approach to the Economics of
Site-Specific Nitrogen Management in Corn Production," *American Journal of
Agricultural Economics*, 2004, 86 (3)：675-687.

Behrens, K. , Duranton, G. and Robert-Nicoud, F. , "Productive Cities：Sor-
ting, Selection and Agglomeration", *Journal of Political Economy*, 2014,
122 (3)：507-553.

Cattaneo, M. D. , Jansson, M. and Ma. X. , "Simple Local Polynomial Density
Estimators", *Journal of the American Statistical Association*, 2020, 115
(531)：1449-1455.

Combes, P. P. , et al. , "The Productivity Advantages of Large Cities：Distin-
guishing Agglomeration from Firm Selection", *Econometrica*, 2012, 80

（6）：2543-2594.

Combes, P. P. , Démurger S. and Li S. , "Migration Externalities in Chinese Cities", *European Economic Review*, 2015, 76: 152-167.

Desmet, K. and Rossi-Hansberg E. , "Urban Accounting and Welfare", *American Economic Review*, 2013, 103（6）：2296-2327.

Duranton, G. and Puga, D. , "Micro-foundations of Urban Agglomeration Economies", in Henderson, J. V. and Thisse（eds. ）, J. F. , Handbook of Regional & Urban Economics（Volume 4）, *Amsterdam: North Holland Publishing Company*, 2004.

Duranton, G. and Puga, D. , "Nursery Cities: Urban Diversity, Process Innovation, and the Life-cycle of Products", *American Economic Review*, 91（5）, 2001: 1454-1477.

Elhorst, J. P. , *Spatial Econometrics: From Cross-sectional Data to Spatial Panels*, New York: Springer, Heidelberg, 2014.

Ellison, G. , Glaeser, E. L. and Kerr, W. ,"What Causes Industry Agglomeration? Evidence from Co-agglomeration Patterns", *American Economic Review*, 100（3）, 2010: 1195-1213.

Glaeser, E. L. and Lu, M. , "Human-Capital Externalities in China", *NBER Working Paper*, No. 24925, 2018.

Guo, Q. and He, C. F. , "Production Space and Regional Industrial Evolution in China". *Geojournal*, 2015, 80（6）：1-18.

Hsieh, C. T. and Moretti, E. , "Housing Constraints and Spatial Misallocation", *American Economic Journal: Macroeconomics*, 2019, 11（2）：1-39.

Imbens, G. W. and Kalyanaraman, K. , "Optimal Bandwidth Choice for the Regression Discontinuity Estimator", *Review of Economic Studies*, 2012, 79（3）：933-959.

Imbens, G. W. and Lemieux, T. , "Regression Discontinuity Designs: A Guide to Practice", *Journal of Econometrics*, 2008, 142（2）：615-635.

Jacobson, L. S. , LaLonde, R. and Sullivan, D. , "Earnings Losses of Displaced Workers", *American Economic Review*, 1993, 83 (4): 685-709.

Koster, H. R. A. and Rouwendal, J. , "Agglomeration, Commuting Costs, and the Internal Structure of Cities", *Regional Science and Urban Economics*, 2013, 43 (2): 352-366.

LeSage, J. P. and Pace, R. K. , "Interpreting Spatial Econometric Models", *Handbook of Regional Science*, Berlin Heidelberg: *Springer*, 2014.

McCrary, J. , "Manipulation of the Running Variable in the Regression Discontinuity Design: A Density Test", *Journal of Econometrics*, 2008, 142 (2): 698-714.

Monte, F. , Redding, S. J. and Rossi-Hansberg, E. , "Commuting, Migration and Local Employment Elasticities", *American Economic Review*, 2018, 108 (12): 3855-3890.

Myrdal, G. , *Economic Theory and Underdevelopmented Regions*, London: Duckworth, 1957.

Perroux, F. , "Note Sur La Notion De Pôle De Croissance", *Economie Appliquée*, 7 (8), 1955: 307-320.

Puga, D. and Venables, A. J. , "The Spread of Industry: Spatial Agglomeration in Economic Development", *Journal of the Japanese and International economies*, 2000, 10 (4): 440-464.

Venables, A. J. , "Equilibrium Locations of Vertically Linked Industries", *International Economic Review*, 1996, 37 (2): 341-59.